Christian Seiler | Martina Willmann

Ganz einfach

Kochen lernen
mit Martina Willmann

Fotos: Philipp Horak

Gestaltung: Gustav Assem

Pichler Verlag

ISBN 978-3-85431-499-8

Umschlaggestaltung: Gustav Assem/tür3)))DESIGN
Buchgestaltung und Produktion: Gustav Assem, www.tuer3.com
Reproduktion und Bildbearbeitung: Pixelstorm, Wien
Lektorat: Bianca Okresek
Druck und Bindung: Druckerei Theiss GmbH, St. Stefan im Lavanttal

Teilnehmer am Kochkurs:

Eva Assem-Hilger
Heike Bräutigam
Birgit Edtbauer
Evelyne Faye MacGowan
Karin Pollack
Gustav Assem
Josef Bräutigam
Christian Seiler

Gedruckt mit freundlicher Unterstützung der
AGRANA Beteiligungs AG

Inhaltsverzeichnis

Die Köchin

Manche Köche sprechen mehr von ihrer Philosophie als von den Lebensmitteln, mit denen sie kochen.

Zu ihnen zählt Martina Willmann nicht. Willmann, Jahrgang 1971, ist eine Köchin ihrer Zeit, sie liebt das Einfache, Pure, Genaue. Willmann bevorzugt den klaren Gedanken. Sie hat eine genaue Vorstellung davon, wie gutes Essen schmeckt, aber sie steuert dieses Ergebnis nicht dogmatisch an, das heißt: Sie weiß, dass viele Wege zum Ziel führen. Willmann lernte selbst von der Pike auf kochen. Sie arbeitete nach ihrer Kochlehre bei Reinhard Gerer, dessen „Korso" zu dieser Zeit als eines der besten Restaurants Österreichs galt, und etablierte sich bald als Gerers Souschefin und Stellvertreterin.

In dieser Zeit erwarb sich Willmann das Talent, klassische Rezepte neu zu interpretieren, hochwertige Lebensmittel überraschend zu kombinieren, die Arbeitsfläche in der Küche einerseits als Spielwiese, andererseits aber auch als Kasernenhof zu verstehen – große Küche braucht Inspiration, aber auch Disziplin.

Ihren ersten Küchenchef-Posten übernahm Martina Willmann im neu gegründeten Restaurant „Novelli", wo sie an der Seite von Fabio Giacobello ein Feuerwerk mediterraner Küche zündete, leicht und geschmackvoll, und gleich doppelt ausgezeichnet wurde: einerseits mit einem bis dato ungeahnten Ansturm von Gästen, andererseits mit zwei Hauben des Gault Millau.

Nach einer Zwischenstation bei DO & CO, wo sie Einblick in die Gesetze des Catering gewann, übernahm Willmann den Küchenchef-Posten im Wiener Traditions-Restaurant „Zum Schwarzen Kameel".

Es war eine ambitionierte Aufgabe unter neuen Voraussetzungen. Willmann lud das Vokabular der klassischen Wiener Küche mit dem mediterranen Verständnis für Produkte und Aromen auf und etablierte die Kameel-Küche erneut auf Zwei-Hauben-Niveau. 2008, nachdem sie eine Ausbildung zur Ernährungsberaterin gemäß Traditioneller Chinesischer Medizin (TCM) absolviert hatte, entschloss sich Martina Willmann, in Zukunft selbstständig tätig zu sein. Sie eröffnete ihr Kochstudio in der Komödiengasse im zweiten Wiener Bezirk. Von der Komödiengasse aus versorgt sie einerseits Veranstaltungen unterschiedlicher Größe mit Catering-Produkten. Andererseits hält sie Kochkurse für Anfänger und Fortgeschrittene ab, in denen sie ihr Knowhow den Bedürfnissen privater Köchinnen und Köche anpasst und denen dabei hilft, den täglichen Kampf um ein anständiges Essen immer öfter zu gewinnen.

Das Buch

Dieses Buch dient als Einstiegshilfe in die Welt des Kochens. Wenn auf der Titelseite steht, dass es unter Anleitung der Meisterköchin Martina Willmann „ganz einfach" sei, kochen zu lernen, so stimmt das, und es stimmt nicht.

Denn einerseits ist Martina Willmanns Kochpädagogik klar und übersichtlich, sie entbehrt allem Überflüssigen.

Wer sich in diesem Buch mit den Grundlagen von Willmanns Küche vertraut macht, wird am eigenen Herd sehr schnell den Lerneffekt spüren, plötzliche Einfälle haben, wie man ein vertrautes Gericht mit ein paar Handgriffen raffinierter macht oder was aus den Resten der heutigen Mahlzeit für morgen bereits vorbereitet werden kann. Andererseits ist es nicht möglich, zu hobeln, ohne dass Späne fallen.

Ein Rezept – es mag aus der Warte des Meisterkochs noch so einfach und schlüssig klingen – hat stets seine Tücken, und allzu oft haben wir als begeisterte Kochbuchbenützer die Erfahrung gemacht, dass ein Arbeitsschritt, der im Kochbuch schlank in einer Zeile erläutert wird, zu einem anderen Ergebnis führt als angegeben. Könnte ja zum Beispiel daran liegen, dass wir die Kochlehre ausgelassen haben. Oder dass wir zu Hause kein Lokal führen.

Was dann? Es beginnt der kulinarische Flug im Dunkeln, das nervöse Trouble-Shooting an der Herdplatte.

In diesem Buch werden die Erfolge des gemeinsamen Kochens mit der Meisterköchin gefeiert, aber die Misserfolge nicht ausgeblendet. Sämtliche Gerichte, deren Rezepte Martina Willmann in diesem Buch präsentiert, wurden in ihrer Kochschule von einer sechsköpfigen Gruppe kochinteressierter Menschen zubereitet. Das Kochniveau der einzelnen Personen war unterschiedlich. Es reichte von der Fähigkeit, einfache Mahlzeiten für Zwei warm zu machen, bis zur Erfahrung, aufwändige Menüs für zahlreiche Personen zu kochen.

Das Ergebnis war interessant: Denn die Fehler machten alle. Zu den verschiedensten Gelegenheiten wurde der Ruf nach „Martiiina!" laut, weil irgendeine geheimnisvolle Verwandlung von rohen Lebensmitteln in eine delikate Speise nicht ganz so geklappt hatte wie geplant. Im Buch sind die Erfahrungsberichte zu jedem Gericht im Anschluss an Rezept und Arbeitsanleitung zu lesen, samt den äußerst wertvollen Ratschlägen der Küchenchefin, wie man aus dem selbst angerichteten Schlamassel wieder raus kommt.

Ganz einfach, genau.

Die Basis

Wer Martina Willmann fragt, was für Werkzeug sie in einer Küche für notwendig hält, bekommt zuerst einmal ein langes Schweigen zu Gesicht. Dieses Schweigen bezeichnet die Zeit, in der Willmann darüber nachdenkt, was man in einer gut eingerichteten Küche alles weglassen kann. „Es steht eh überall zuviel herum", sagt sie, und ihr Gesicht bekommt für einen Augenblick den strengen Ausdruck, den sich der eine oder andere Koch von seiner Küchenchefin garantiert abholen musste, wenn auf seiner Station zu wenig Platz war.

Willmann über sich: „Ich bin radikal!" Radikal zu sein, heißt bei Willmann, dass wir uns bei der Einrichtung der Küche gefälligst aufs Wesentliche beschränken sollen. Was wiederum wesentlich ist, erklärt sie an einem Beispiel, das sie für unwesentlich hält, konkret: dem Spargelkochtopf. Diese Spezialschöpfung der Kochgeräteindustrie findet nicht Willmanns Gnade, sie hält ihn, „ehrlich gesagt für völlig überflüssig", schimpft sie, und sie erklärt auch warum. Jedes Gerät, dessen Aufgabe problemlos durch ein anderes ersetzt werden kann, fliegt aus der Küche.

Denn das Wichtigste in der Küche „ist der Platz zum Arbeiten", und Spargel können wir, so viel ist sicher, in jedem anderen Topf eines gewissen Volumens zubereiten, vielleicht können wir uns nach dem Verzicht auf einen teuren Spezialtopf die besten Spargeln leisten.

Martina Willmann würde das begrüßen.

Die folgende Liste für die Grundausstattung einer Privatküche ist das Resultat harter Verhandlungen. Es findet sich darauf das, was Martina Willmann als „wichtig" akzeptiert. Damit ist eine Basis-Ausstattung gemeint, die aus Willmanns Sicht nicht mehr beliebig hochgerüstet werden muss, sondern für den normalen Küchenalltag absolut ausreichend ist. Wichtiger als zusätzliche Geräte ist, so die Küchenchefin, genug Platz, auf dem gearbeitet werden kann. Außerdem legt sie dezidierten Wert darauf, dass die Arbeitsfläche aufgeräumt ist (auch während der Koch-Sessions in Willmanns Küchenstudio war sie aufmerksam dahinter, dass nicht mehr benötigte Arbeitsutensilien gereinigt und wieder an ihrem Platz verstaut wurden).

Beschichtete Pfannen

Unbeschichtete Pfannen

Stabmixer

Scharfe Messer

Scheidbrett(er)

Löffel, Kochlöffel, Teigschaber

Schneebesen

Mörser

Salz- und Pfeffermühle

Willmanns Basis-Ausstattung

1 beschichtete Pfanne
1 unbeschichtete Pfanne
  Durchmesser je nach Haushaltsgröße, idealerweise 28 cm
1 backofentaugliche Pfanne aus Gusseisen, Email
oder Edelstahl

1 Messer
  eventuell zusätzlich 1 Gemüsemesser und
  1 Brotmesser, hier ist die Köchin zu Konzessionen bereit

1 Schneidbrett in A3-Größe
  Plastik, weil Plastik hygienischer ist als Holz

– Kochlöffel
– Teigspachtel
  Dieses Instrument entpuppt sich im täglichen Umgang
  als erstaunliche Bereicherung.

1 Stabmixer

1 Rührmaschine
  Willmann empfiehlt ein preiswertes Exemplar,
  zum Beispiel von Kenwood.

1 Schneekessel
1 Schneebesen
– Mehrere Schüsseln aus Edelstahl
1 Magic Löffel aus Stahl
1 Mörser
1 Salzmühle
1 Pfeffermühle

1 Sieb
  eventuell auch ein Spitzsieb, aber das sei kein Muss

1 Rollholz
1 Küchenwaage
1 Kartoffelpresse

– Unmengen an Löffeln
  „... damit während des Kochens gekostet werden kann.":
  Das sind die Worte der Meisterin.

**Auch Martina Willmanns Ansprüche an die
Ausstattung der Küche sind überschaubar:**

1 Elektroherd
1 Backofen mit Ober-, Unterhitze
und getrennter Umluft

– Ausreichend große (und aufgeräumte!)
Arbeitsfläche
  Willmann apodiktisch: „Eine Küche ist keine Geräteabstellfläche!"

– Platz für das Schneidbrett

– Ausreichende Beleuchtung
  „Kuscheliges Licht gern, aber nicht in der Küche"

(Spitz-)Sieb

Kartoffelpresse

Teigroller

| Curry | Paprika | Lorbeer |

| Ingwer | Sonneblumenöl, Olivenöl, Sesamöl | Zwiebel, Knoblauch |

| Dijonsenf, Estragonsenf | Spaghetti, Hörnchen, Spiralen | Basmati-, Langkorn-, Risottoreis |

Willmanns Speisekammer

Da Martina Willmann eine Neigung zum Anlasskochen hat – das heißt, dass sie erst auf dem Markt und nach Sondieren des Tagesangebots entscheidet, was sie kochen möchte – empfiehlt sie die Ausstattung einer Speisekammer mit einem Basisbestand an Lebensmitteln. Diese ergänzen entweder den aktuellen, frischen Einkauf, oder sie erlauben, wenn einmal keine Zeit für den Marktbesuch war, eine Mahlzeit aus dem Hut zu zaubern – oder besser gesagt, aus dem Bestand der Speisekammer.

Salz
Meersalz
Pfeffer (in der Mühle)
Paprika
Curry
Lorbeer
Wacholder
Kümmel
Ingwer
Basilikum im Topf
Rosmarin im Topf

Olivenöl
Sonnenblumenöl zum Braten und Backen
Sesamöl, dunkel
Dunkles Sesamöl stammt von gerösteten Sesamsamen und hat ihren intensiven Geschmack angenommen. Helles Sesamöl verwendet Willmann nicht, es schmeckt „nach eingeschlafenen Füßen".

Butter
Schlagobers

Zwiebel
Knoblauch
Dijonsenf, Estragonsenf

Spaghetti
Hörnchen
Spiralen
Glasnudeln

Risottoreis
Langkornreis
Basmatireis

Thunfisch im Salz
Sardellen im Salz
und nicht im Öl: Das meist minderwertige Öl macht Fischkonserven für eine weitere Verwendung in der Regel ungeeignet.

Tomatendosen
Tomatensaft
Oliven
Kokosmilch
Currypaste

Mehl (universal)
Semmelbrösel
Zucker

Tomatensaft, Pelati, Tomatenmark

Oliven

Zucker

Erste Schritte, sichere Erfolge

Der englische Schriftsteller Julian Barnes erinnert sich, dass in seiner Kindheit aus der Küche „Mahlzeiten und meine Mutter heraus" kamen. Zwar hatte er aus dem Augenwinkel beobachtet, wie Mutter mit den Einkaufstüten in die Küche gegangen war. Aber weder er und schon gar nicht sein Vater hätten angesichts der fertigen Mahlzeit jemals die Frage gestellt, „wie diese Verwandlung zustande gekommen war."

Barnes ist inzwischen ein fanatischer Hobbykoch, wie in seinem schönen Buch „Der Pedant in der Küche" (Kiepenheuer & Witsch) nachzulesen ist. Er repräsentiert eine Generation, die sich nicht mit dem zufrieden geben will, was auf den Tisch kommt, auch wenn das bedeutet, dass man ein Geheimnis der Menschheit lüften muss. Was war zuerst da: das Ei oder die Eierspeise?

Dieses Kapitel enthüllt zwar nicht das Geheimnis, dass eine Eierspeise nur dann entsteht, wenn das Ei aufgeschlagen und in einer mit etwas Fett gefüllten Pfanne über Hitze verrührt wird – ein Wissensstand (vor allem das mit dem Fett!), über den nicht alle Teilnehmer am „Ganz einfach Kochen lernen"-Seminar Martina Willmanns verfügten, als sie sich zum ersten Mal an den Herd stellten.

Die Herausforderung dieses Kapitels besteht darin, mit wenigen Handgriffen und viel Knowhow raffinierte Speisen herzustellen: Speisen, deren Vielschichtigkeit und Geschmacksintensität sich eine wenig erprobte Köchin, ein wenig erprobter Koch kaum zu erträumen gewagt hätten. Vorgänge, die schwierig scheinen, aber deppensicher sind – wir dürfen das sagen. Wir probierten es aus.

Fangen wir mit einem Gericht an, für das wir am Anfang nicht einmal eine Pfanne brauchen, sondern nur ein Messer, freilich ein gutes – und den Mut, gut und kräftig abzuschmecken.

Lachstartare mit Limetten

Zutaten für 4 Personen

400 g Frischlachsfilet
Saft und Schale einer Limette
(Bio, ansonsten nur den Saft)
1 kleiner Bund Koriander
Salz, Pfeffer, Olivenöl
1 nussgroßes Stück Ingwer
dunkles Sesamöl
1 EL Butter
1 Handvoll Honigpilze
1 Zweig frischer Thymian
1 Handvoll Frisésalat

Benötigte Küchengeräte

1 Ausstechring, 1 Reibe
1 scharfes Messer, 1 Pfanne

Zubereitung

Haut und graue Fettansätze wegschneiden.
Lachs klein würfelig schneiden.
Ingwer schälen und fein reiben.

Mit Salz, Pfeffer, Ingwer, grob gehackten Korianderblättern, Sesamöl, Olivenöl, Limettensaft und etwas fein geriebener Limettenschale abschmecken.

In einem Ausstechring (Durchmesser ca. 5 cm) füllen, etwas zusammendrücken und dann vorsichtig den Ring vom Teller heben.

In einer Pfanne etwas Butter aufschäumen, die Pilze darin kurz anschwitzen, mit Salz und etwas frisch gehackten Thymianblättern würzen.

Wie wir lernten,
das scharfe Messer zu lieben

Es liegt das Lachsfilet vor uns, wir haben uns nach Kräften bemüht, einen anständigen Fisch zu bekommen, wir haben beim Einkaufen nicht zuerst aufs Geld, sondern auf die Qualität und die Frische geschaut und uns dabei stets vor Augen gehalten, dass wir vorhaben, den Lachs roh zu essen.

Wir wollen schließlich auch nicht, dass unser bevorzugter Sushi-Koch beim Einkaufen spart. Ein Lachs, der ein feines, unanstrengendes Leben geführt hat, zeigt das, indem er etwas Fett ansetzt: es handelt sich um die grauweißen Streifen am unteren Ende der Filets. Die gilt es wegzuschneiden. Ein Wildlachs, der sich um seine Nahrung bemühen musste, wird übrigens viel weniger Fett angesetzt haben, er kam einfach nicht dazu – das nur ein kleiner Hinweis, worauf Sie beim Einkaufen Acht geben könnten.

Wir hatten also den Auftrag, den Lachs in kleine Würfel zu schneiden: eine Aufgabe, die sich eindeutig besser erledigen lässt, wenn man ein scharfes Messer in der Hand hält. Ist das Messer ungeschliffen oder nicht erstklassig, artet das Zerkleinern des Fisches in eine gatschige Angelegenheit aus, die den Enthusiasmus für das Kochen peinlich mindern kann, und das, bevor man zum Knackpunkt dieses Rezepts kommt: zum Abschmecken.

Schon mit dem Reiben und Hacken des Ingwers, des Korianders und der Limettenschale hatte sich eine Wolke von Aromen über die Arbeitsfläche erhoben. Das dunkle Sesamöl fügte dem eine intensive Note hinzu, doch die vorsichtige Frage, ob helles Sesamöl nicht eine Alternative mit weniger Risiko für das Gesamtprodukt sei, beantwortete die Chefin barsch: „Helles Sesamöl schmeckt nach gar nichts." Dunkles Sesamöl, das seine Farbe von gerösteten Sesamkörnern hat, schmeckt hingegen sehr kräftig und charakteristisch, man verwendet es besser in kleinen Dosen.

Gleichzeitig erwies sich Vorsicht beim Abschmecken als psychologische Hürde. Die Angst, das Lachstartare zu salzig, zu sauer, zu scharf zu machen, mündete in eine Reihe von Abschmeckversuchen, die von Martina jeweils mit einem freundlichen Kopfschütteln quittiert wurden – und mit dem Löffel, den sie uns in die Hand drückte: „Kosten, kosten, kosten."

Lachs in kleine Stücke schneiden.

Limettenschale reiben.

Tartaremasse in einen Ausstechring füllen und zusammendrücken.

Eine Variation in der Kombination von frischem, rohem Fisch mit asiatischen Aromen ist das folgende Carpaccio-Rezept. Es lehrt uns einiges über den Umgang mit frischen Gewürzaromen.

Thunfischcarpaccio mit Glasnudelsalat

Zutaten für 4 Personen

400 g Thunfischfilet
1 nussgroßes Stück Ingwer
5 EL Sojasauce
5 EL Wasser
3 EL Olivenöl
1 Knoblauchzehe
1 Handvoll Sojasprossen
1 Handvoll Glasnudeln
½ roter Paprika oder 1 Karotte
1 kleiner Bund Koriander
1 EL dunkles Sesamöl

Benötigte Küchengeräte

1 Messer
1 Schneidrett
1 Sieb
1 Topf
1 Pfanne
1 feine Reibe

Zubereitung

Thunfisch in gleichmäßig dünne Scheiben schneiden (3-4 mm).

Marinade: Den Ingwer dünn schälen und mit einem feinen Reibeisen reiben.
Knoblauch schälen und in feine Streifen schneiden, nicht zerdrücken, da er sonst zu intensiv schmeckt.
Sojasauce, Wasser, die Hälfte vom Ingwer, Olivenöl und Knoblauch vermischen.

Glasnudeln in kaltem Wasser einweichen, anschließend in kochendes Wasser geben und ca. 2 Minuten kochen, abseihen und kalt abschwemmen. Auf ein Schneidbrett geben und einige Male durchschneiden.

Paprika waschen, Kerngehäuse entfernen und in dünne Streifen schneiden. In einer Pfanne etwas Olivenöl erhitzen.

Den Paprika mit den Sojasprossen kurz anbraten, anschließend mit Sojasauce ablöschen, mit den Glasnudeln in eine Schüssel geben, abkühlen lassen und mit Sesamöl, grob gehacktem Koriander und etwas Ingwer abschmecken.

Thunfisch kurz in die Marinade tunken und auf gekühlten Tellern anrichten.

Die Raffinesse des Garens ohne Hitze

Es war ein Vergnügen, den frischen Thunfisch mit dem scharfen Messer in Scheiben zu schneiden. Auch das Anrichten der Marinade machte Vorfreude auf die spätere Zusammenführung von Fisch und Geschmack.
Die Schärfe des Ingwers verband sich gut mit der Würze der Sojasauce und der Aromatik des Knoblauchs, die nicht, wie allzu oft erlebt, dominant auftrat. Grund: Die Knoblauchzehe war nicht durch die Presse gejagt, sondern mit dem Messer in dünne Streifen geschnitten worden. Das zähmte die wilde, oft zu aufdringliche Schärfe der Knolle.

KALTES GAREN

Die Marinade verändert Oberfläche, Farbe und Geschmack des Fisches, ohne dass man den Herd einschalten muss.

Was nun passierte, ging aufregend schnell – und ganz einfach: Wir weichten die Glasnudeln in kaltem Wasser ein (was uns beim anschließenden Kochen Zeit ersparte), schnitten einen roten Paprika in Streifen –

das Kerngehäuse und der Stielansatz lassen sich übrigens sehr gut mit zwei Fingern aus der Frucht brechen, so entsteht kein Abschnitt – man sollte sich anschließend freilich nicht die Augen reiben.

Natürlich wäre es eine kleine Verbesserung, wäre der rote Paprika gehäutet, was sich auch ganz einfach herstellen lässt:

Paprika bei voller Oberhitze in den Ofen legen, warten, bis die Haut schwarz wird und Blasen wirft, dabei nicht die Nerven verlieren und den Paprika zu früh aus dem Ofen holen, denn dann macht sich der ganze Aufwand nicht bezahlt. Anschließend kalt abspülen und die Haut abziehen. Vielleicht beim nächsten Mal ausprobieren.

Nun gossen wir ein wenig Öl in die Pfanne. Es zischte fröhlich, als wir Paprika und Sojasprossen ins Öl gleiten ließen. Ein paar Umdrehungen mit dem Kochlöffel, so dass das Gemüse leicht anziehen konnte, ohne jedoch seine Knackigkeit einzubüßen. Anschließend folgte das Ritual jeder ins Finale gehenden Bratprozedur: das Ablöschen. Diesmal mit Sojasauce, was das Salzen ersparte (und auch die einzige winzige Gefahr dieses Gerichts birgt: dass zu viel Sojasauce den Eigengeschmack des Gemüses übertönt). Abschmecken mit Ingwer, Koriander und Sesamöl – ebenfalls Vorsicht: ein zu großer Schluck aus der Sesamöl-Flasche, und der Salat tauscht seine exotische Finesse gegen ein aufdringliches Sesam-Aroma.

Thunfisch in dünne Scheiben schneiden.

Die Marinade aus Knoblauch, Ingwer, Olivenöl und Sojasauce zubereiten.

Eingeweichte Glasnudeln kochen.

Paprika in Olivenöl erhitzen.

Thunfisch in Marinade tunken.

Dieses Gericht ist ein toller Allrounder. Es kann als Vorspeise, Beilage oder Hauptspeise einge-setzt werden und ist vielfältig kombinierbar: mit ein wenig Salat, gebratenem Gemüse, Salami-scheiben oder kurz gebratenem Fleisch (Seite 189). Darüber hinaus führt es uns ein in die Kunst der Geduld und die Freuden des Rührens.

Parmesan-Polenta

Zutaten für 4 Personen

Zubereitung

6 EL Polenta
⅛ L Obers
ca. ¼ L Milch
1 EL Butter
Salz
1 EL frisch geriebener Parmesan

Die Milch aufkochen, die Polenta unter ständigem Rühren einlaufen lassen, salzen und bei kleiner Flamme 30 Minuten dünsten lassen.
Die Polenta soll cremig und nicht grießlig schmecken.

Kurz vor dem Servieren wird die Polenta mit dem Obers und den kalten Butterflocken glatt gerührt.
Mit frisch geriebenem Parmesan abschmecken.

Benötigte Küchengeräte

1 Kochtopf, 1 Kochlöffel
Stabmixer (für den Notfall)

Von den Freuden der Geduld

Geduld ist eine Eigenschaft, ohne die beim Kochen kein Blumentopf zu gewinnen ist. Gutes Essen braucht manchmal bloß Zeit, zum Beispiel beim langsamen Schmoren von Fleisch (Seite 125), manchmal ein gutes Gefühl für Sekunden, zum Beispiel beim schnellen Braten von Fisch (Seite 177), oft aber einfach die Hartnäckigkeit, neben dem Topf stehen zu bleiben und seinem Inhalt unter steter Ver-richtung einer gleichförmigen Tätigkeit dabei zuzusehen, wie er Gestalt annimmt und sich in eine Delikatesse verwandelt.
Wir versammelten uns also um einen Topf, in dem wir Milch aufkochten: ein Vorgang, der vielen von uns in seiner unfreiwilligen Ver-längerung bekannt ist, wenn man mit dem Fetzen in der Hand vor dem Herd steht und die Reste der übergekochten Milch entfernt. Aber so weit kam es nicht. Wir waren auf-merksam. Die Milch kochte auf – das war

der Startschuss für das Einrieseln der Polenta: Einrieseln lassen heißt übrigens „einrieseln! lassen!". Da gibt es keine Abkürzung, zum Beispiel, indem man die gewünschte Menge Polenta mehr oder weniger vollständig in den Topf plumpsen lässt. Ideal ist, wenn man das Paket Polenta so vorsichtig über den Topf hält, dass der gelbe Maisgries in einem Strahl, der an den Lauf einer Sanduhr erinnert, in die Milch rieselt.
Jetzt die einzige Schwierigkeit: Während dieser anspruchsvollen Umordnung von Material muss mit dem Schneebesen kräftig gerührt werden, so dass der Mais nicht verklumpen kann, sondern sich gut mit der Milch verbindet.
Reden wir nicht herum: Für kürzeste Zeit ist Multi-Tasking gefragt. Rieseln und Rühren, beides konzentriert. Wer sich dadurch über-fordert fühlt, muss Hilfe suchen.
Manager nennen das Team-Building.
Auch für Familien sehr geeignet.

Wir leisteten uns den Luxus, dreißig Minuten lang durchzurühren. Nicht immer mit der gleichen Energie wie ganz am Anfang, aber doch hochkonzentriert. Das Ergebnis war berauschend: Schon bevor wir die Polenta mit kalten Butterflocken und dem Obers verfeinerten, präsentierte sie sich glatt und faltenfrei. Wer ein paar Minuten mehr Aufmerksamkeit gegen ein paar mehr Kalorien tauschen möchte, kann also die Verfeinerungsration an Butter und Schlagobers auch verringern.

Wäre aber schade. Denn die fertige, geduldig gerührte und entschlossen verfeinerte Polenta erwies sich als Heuler. Der Bestand wurde bereits mit den Verkostungslöffeln markant dezimiert.

Als wir, weil wir anderweitig mit Lammkarrees beschäftigt waren (Seite 185), die Polenta stehen ließen und sie, als sie serviert werden sollte, in etwas bröckeliger, eingetrockneter Verfassung wiederfanden, packte Martina Willmann einen ihrer wertvollen Praxistipps aus.

Milch aufkochen.

POLENTA RETTEN
Eingetrocknete Polenta mit etwas Milch auf der Flamme wieder aufrühren. Anschließend mit dem Stabmixer so lange durchmischen, bis sich die gewünschte Konsistenz wieder eingestellt hat. Parmesan wird erst vor dem Anrichten in die Polenta gerührt.

Die Polenta einrieseln! lassen!

Salzen.

Kräftig einrühren und mit Geduld an der Konsistenz arbeiten.

Mit frisch geriebenem Parmesan abschmecken.

Das folgende Rezept ist ein unersetzlicher Würfel im Baukasten der schmackhaften Küche, die ganz einfach herzustellen ist. Kartoffelpüree dient als Begleiter zahlreicher Fisch- und Fleischgerichte, ist beliebt bei jung und alt und dient auch als Visitenkarte einer Küche, die Ansprüche an sich selbst stellt: Wer ein gutes Kartoffelpüree anfertigen kann, weiß über die wichtigen Kartoffelsorten Bescheid, ist im Besitz des erforderlichen Handwerkszeugs (Kartoffelpresse) und kann eine gute von einer weniger guten Konsistenz unterscheiden.

Kartoffelpüree

Zutaten für 4 Personen

600g mehlige Kartoffeln
100 g Milch
ca. 100 g Obers
1 EL Butter
Salz

Benötigte Küchengeräte

1 Topf groß, 1 Topf klein
1 Gitterschöpfer, 1 Kartoffelpresse
1 Schneebesen, 1 Sparschäler

Zubereitung

Kartoffeln waschen, schälen, vierteln in einen Topf geben, mit Wasser bedecken, salzen und weich kochen.

Anschließend mit einem Gitterschöpfer herausnehmen. Noch während sie warm sind pressen.

Milch und Obers aufkochen und die Kartoffeln damit glatt rühren. Butter beigeben.

Je nach Variation abschmecken.

Die Improvisationsschule

Über den Weg zum idealen Kartoffelpüree zu diskutieren, ist ungefähr so fruchtbar, wie auf der Tribüne eines Fußballstadions das Nationalteam aufstellen zu wollen.
Ob die Kartoffel mit Schale oder ohne gekocht werden (Martina Willmann: „Ohne!"), gerät zu einem Glaubenskampf, genauso wie die Menge der Butter (Willmann: „1 Esslöffel!") oder die Frage, ob Schlagobers, ja oder nein (Willmann: „Ja. 100 Gramm!"). In jeder Runde, die das ideale Kartoffelpüree verhandelt, wird jemand die Karte Robuchon ausspielen – jenes französischen Meisterkochs, der Kartoffeln und Butter fast zu gleichen Teilen mischte (wobei in der Regel vergessen wird hinzuzufügen, dass dieses Kompaktpüree nur walnussgroß als Beilage serviert wird und ungefähr so alltagstauglich ist

wie ein Opernball-Frack). Gleichwohl führt allein das Nachdenken über die Aufmunitionierung des Pürees durch Geschmacksträger (= Fett) zu wütenden Protesten der Anti-Cholesterin-Fraktion – ein endloses Spiel. Martina Willmann klärte uns in der Warenkunde unwiderstehlich über die großen, mehligen Kartoffeln (vorzugsweise Bintje oder Agria) auf, ohne die Püree nicht gelingen kann. Wir kochten sie ohne Schale, mischten sie vorsichtig mit Milch, Butter und Obers, damit uns nicht passiert, was bisweilen das Ergebnis zu treuherzigen Umgangs mit Rezeptur-Angaben ist: dass das Püree kein Püree, sondern eine Suppe ist, maximal wenn überhaupt. Als Suppenprophylaxe eignet sich vor allem das langsame Einrühren der Flüssigkeit, so dass man der gewünschten Konsistenz Schritt für Schritt näher kommt.

Als das Püree fertig war, schlug unsere erste kreative Stunde. Wie konnte eine konventionelle, beliebte Speise mit einem Handgriff in ein außergewöhnliches Geschmackserlebnis verwandelt werden?

Martina Willmann nannte folgende

PÜREE-VARIATIONEN

- Mit Wasabipaste abschmecken
- Mit frischem Kren abschmecken
- Mit Basilikumpesto abschmecken
- Mit Thymian parfümieren
- Mit Petersilie parfümieren
- Mit Safran intensivieren

Hier galt: Weniger ist mehr, und ohne Schneerute geht gar nichts. Wasabi-Püree, etwas scharf und exotisch, eignet sich gut als Begleiter von Thunfisch (Seite 173). Kren-Püree passt zu geräuchertem Fleisch und Würsten. Basilikum-Püree geht gut mit geschmortem Gemüse oder Ratatouille. Thymian-Püree geht hervorragend mit faschierten Laibchen (Seite 203).

Petersilien-Püree macht gute Figur zu Rind, zu Lamm, zu Kalb.

Diese Hinweise sind übrigens nicht eins zu eins zu verstehen, oder zumindest nicht nur. Ein wesentliches Anliegen Frau Willmanns besteht darin, ihren Schülern eine gehörige Dosis kulinarisches Selbstvertrauen zu verabreichen. Das heißt: Sobald einer von uns seinen Mund aufmachte, um zu sagen, dass der Krengeschmack des solcherart aromatisierten Pürees eventuell ganz gut mit roten Rüben zusammenpassen könnte, bekam er ein strahlendes Lächeln der Küchenchefin geschenkt. Denn das ist ihre Intention: durch eigene Ideen die Ideen anderer reifen zu lassen.

Bescheidene Frage am Ende des Püree-Durchgangs: „Was tun, wenn das Püree zu früh fertig ist, kalt und am Rand klumpig wird?" Martina Willmann: „Mit einem Teigblatt zusammenstreichen und im Wasserbad (!) wärmen und neu aufschlagen."
Bitte merken.

Die Kartoffel schälen,

weichkochen und noch warm durch die Presse drücken.

Mit aufgekochter Milch und Obers glattrühren.

Exotische Gerichte sind längst Teil unseres Alltags. Schicke Suppenküchen verkaufen in den Zentren der modernen Großstädte schnelle, schmackhafte Suppen und Eintopfgerichte. Das folgende Rezept ist ein Blick in die Werkstatt des feinen, würzigen Currygeschmacks, und ein Ausgangspunkt für viele ähnliche kulinarische Erfahrungen. Ganz einfach.

Hühner-Kokoscurry mit Gemüse und Reis

Zutaten für 4 Personen

600 g Hühnerbrüste ohne Haut
250 g Kokosmilch
250 g Obers
1 EL Red Curry Paste
(Asiatische Currymischung)
1 gestrichener EL edelsüßes
Paprikapulver
1 EL Öl
1 Zucchini
200 g Austernpilze
1 roter Paprika
1 TL Stärkemehl
1 Zweig Basilikum oder Koriander
1 Handvoll Sojasprossen
Olivenöl
Sojasauce
Salz
Pfeffer aus der Mühle

Benötigte Küchengeräte

1 Schneidbrett
1 Messer
1 beschichtete Pfanne
1 Topf
1 Schneebesen

Vorbereitung

- Pilze putzen und in 1 Zentimeter große Stücke schneiden.
- Zucchini und Paprika waschen und ebenfalls in 1 Zentimeter breite Stücke schneiden.
- Sojasprossen waschen.
- Hühnerbrüste in ein Zentimeter dicke Streifen schneiden.

Zubereitung

In einem geräumigen Topf etwas Öl erhitzen, das Paprikapulver und die Currypaste kurz farblos anschwitzen und gleich mit Kokosmilch und Obers aufgießen. Dann aufkochen und mit Sojasauce würzen. Bei kleiner Flamme kurz ziehen lassen. Das Gemüse in etwas Olivenöl kurz anbraten, es soll noch knackig sein.

Etwas Stärkemehl mit kaltem Wasser glatt rühren, die Sauce damit binden (langsam einrühren, damit die Sauce nicht zu dick wird). Danach mit Sojasauce abschmecken. Kurz vor dem Servieren frischen Koriander oder Basilikum in die Sauce geben.

Die Hühnerbrüste mit Salz und Pfeffer würzen und in einer Pfanne mit Olivenöl braten. Anschließend zusammen mit dem Gemüse in die Curry-Kokossauce geben und mit Reis servieren.

Tipp: Das Paprikapulver immer ohne Farbe anschwitzen, da es sonst bitter schmeckt.

Dieses Gericht ist eine Basis für verschiedene Varianten. Garnelen, nur mit Gemüse und Tofu, Rindfleisch, ...

Warum ein Wok weniger wichtig ist als die richtige Currypaste

Die größte Schwierigkeit an diesem Rezept besteht darin, gute Currypaste zu bekommen – ein Abstecher in die Delikatessenabteilung des besten Lebensmittelgeschäfts in Ihrer Nähe lohnt sich.

Für uns hatte Martina Willmann dieses Problem gelöst, und nach dem Überspringen dieser Hürde war es erstaunlich, mit welcher Sicherheit selbst Menschen, deren Erfahrungen im fernöstlichen Kochen nicht existierten, das feinste Curry ihres Lebens zubereiteten.

Wir brauchten dazu übrigens keinen Wok. Klar, ein Wok schadet nicht, ist aber keine Voraussetzung dafür, dass das Curry gelingt, höchstens eine psychologische Hilfestellung. Wer mag, kann sich auch ruhig einen Turban aufsetzen.

Die einzigen Hürden lagen im Umgang mit Pulver. Wenn am Anfang des Kochvorgangs Paprika und Curry angeschwitzt werden, darf sich der Paprika nicht durch die Hitze verfärben – das macht ihn bitter.

Gemüse knackig zu braten gestaltete sich

Den Paprika,

die Pilze und

das Hühnerfleisch klein schneiden.

Die Currypaste zusammen

mit dem Paprikapulver anschwitzen.

In zwei Pfannen

hingegen entschieden einfacher, als es zu verkochen – es dauerte viel kürzer.

Die durch Obers und Kokosmilch cremig gewordene Sauce vertrug eine anständige Menge an Sojasauce zum Würzen, und erst die Frage nach der richtigen Konsistenz stellte eine kleine Herausforderung dar.

Die Frau Chefin weihte uns in einen ihrer Alltagstricks ein: etwas Maisstärkemehl, namentlich Maizena, in kaltem Wasser verrühren und die Sauce damit binden. Diese Anwendung funktioniert im übrigen bei Saucen aller Art, man mag es sportlich finden oder auch nicht. Martina Willmann sagt dazu: „Sportlichkeit ist beim Kochen kein Kriterium."

Stimmt auch wieder. Man muss nur aufpassen, nicht zu viel von dem Maizena-Gemisch in die Sauce zu kippen, denn dann verwandelt diese sich plötzlich unter Ihren Augen in einen Kokos-Curry-Pudding.

Die Hühnerstreifen waren übrigens kaum im heißen Öl und hatten maximal den Hauch von Farbe angenommen, als die Chefin bereits wieder anordnete, sie daraus zu entfernen. Das Ergebnis: perfekte Konsistenz.

das Gemüse und

die Hühnerstücke anbraten.

Gemüse und Fleisch zur Currypaste in den Topf geben.

Die Sauce mit Stärkemehl binden

und mit Sojasauce abschmecken.

Kurz vor dem Servieren Koriander oder Basilikum zugeben.

Selbst Menschen, deren Kochkünste durchaus fortgeschritten sind, zieren sich oft, wenn es darum geht, zu backen – egal ob Kuchen, Torte oder Brot. Die Verwandlung, die Speisen im Backofen erfahren, ist eine der geheimnisvollsten Facetten der Kochkunst. Der Blechkuchen, dessen Rezept nun folgt, eignet sich ganz ausgezeichnet zum Einstieg in die Welt des Backens. Seine Umsetzung: richtig, ganz einfach.

Blechkuchen

Zutaten für ein Haushalts-Backblech

1 Joghurt (250 g)
1 Becher Kristallzucker (250 g)
4 Eier
1 EL Vanillezucker
250 g Mehl (glatt)
250 g Mehl (griffig)
½ Becher Öl (125 g,
neutraler Geschmack, z.B. Rapsöl)
1 Packung Backpulver (16 g)
500 g Äpfel

Benötigte Küchengeräte

Waage, Schäler, Schüssel
Messer, Schneidbrett
Mixer oder Rührmaschine

Vorbereitung

- Backrohr auf 170 °C vorheizen.
- Äpfel waschen, schälen, in Spalten schneiden
  und das Kerngehäuse entfernen.

Zubereitung

Joghurt, Kristallzucker, Vanillezucker und Eier schaumig rühren. Anschließend das Öl unterrühren. Das Backpulver unter das Mehl mischen und unterrühren.

Die Masse auf ein mit Butter bestrichenes und mit Bröseln bestreutes Backblech streichen und mit den Apfelspalten belegen. Backen.
Dauer: ca. 25 bis 30 Minuten

Tipp: Man kann auch Marillen, Birnen oder andere Obstsorten verwenden.

Das Zittern, ob der Kuchen zu trocken oder zu feucht ist

Zuerst erfuhren wir, worin der Unterschied zwischen glattem und griffigem Mehl besteht, nämlich in der Feinheit der Körnung. Die entscheidenden Unterschiede in der Anwendung von glattem und griffigem Mehl konnten wir freilich gleich wieder vergessen, weil für dieses Rezept glattes *und* griffiges Mehl gefragt ist.
Wir rührten Joghurt, Kristall- und Vanillezucker und vier Eier schaumig, das ging selbst für Kuchendebütanten überraschend einfach. Dann ließen wir uns über eines der geheimnisvollen Vokabel der Süßspeisenproduktion aufklären – das Wort „unterrühren" (wie das noch gebräuchlichere „unterheben" ein Quell der Verwirrung, was denn das nun genau heißen soll).
„Unterrühren" bedeutet nichts anderes, als das Mehl mit kräftiger Hand möglichst schnell mit den anderen Zutaten zu vermischen, und zwar so, dass am Schluss ein elastischer, homogener Teig entsteht.
Ich war erfreut.
„Unterrühren" funktionierte erstklassig.
Was sich als die Grundlage des zweiten Erfolges erweisen sollte, war dieser Trick: das mit Butter bestrichene Backblech mit guten Semmelbröseln bestreuen. Das erleichterte, als der Kuchen knapp eine halbe Stunde später eine wunderschöne Farbe angenommen und sein Volumen planungsgemäß verdoppelt hatte, seinen Abflug vom Blech.
Ergebnis: berechtigter Premierenstolz.

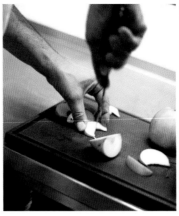

| Äpfel waschen, schälen, | in Spalten schneiden und das Kerngehäuse entfernen. | Joghurt, Kristallzucker, Vanillezucker und Eier schaumig rühren. |

| Das Geheimnis: unterrühren! | Teig am Blech verteilen, | mit den Apfelspalten |

| belegen. | 25 bis 30 Minuten backen. | Mit ein wenig Zucker bestreuen. |

Zum Schluss dieses Kapitels, das eine Einführung in die Grundlagen des Kochens bietet, möchte uns die Küchenchefin ein Lehrstück an kulinarischer Motivation verabreichen: ein Soufflé. Soufflés genießen einen außergewöhnlichen Ruf. Sie gelten als zickig. Ein Lufthauch, heißt es, und das Soufflé ist im Eimer. Wenn Soufflés in Kochbüchern auftauchen, bekommen sie regelmäßig drei von drei möglichen Sternen für ihren Schwierigkeitsgrad. Martina sieht das anders und platziert dieses Rezept mit voller Absicht im „Erste Schritte"-Kapitel. Zitat: „ein Kein-Problem-Rezept".

Topfensoufflé mit glacierten Äpfeln

Zutaten für 5-6 Personen

250 g Topfen
3 Eidotter
125 g Sauerrahm
34 g Maizena (Stärkemehl)
3 Eiklar
40 g Kristallzucker
Mark einer ½ Vanilleschote
Schale einer ½ unbehandelten
Zitrone

1 EL Butter für die Formen
1 EL Kristallzucker für die Formen

250 g Weißwein
500 g Äpfel
3 EL Butter
3 EL Zucker

Benötigte Küchengeräte

Waage
Mixer oder Rührmaschine
Messer, Schneidbrett
1 Topf
Feuerfeste Formen

Vorbereitung

- Backrohr auf 200 °C vorheizen.
- Kleine Auflaufformen mit Butter ausstreichen
  und anschließend mit Zucker ausstreuen.

Zubereitung

Eiklar und Kristallzucker zu Schnee schlagen.
Topfen, Sauerrahm, Vanillemark, fein geriebene Zitronenschale und Maizena glatt rühren. Eidotter schaumig rühren.

Den Eischnee unter die Topfenmasse mit den Eidottern mischen und ¾ voll in die Auflaufformen füllen.

Im Wasserbad im Backrohr ca. 12 bis 15 Minuten backen.

Die Äpfel in Spalten schneiden, Kerngehäuse entfernen.
In einer Pfanne Weißwein, Zucker und Butter aufkochen.
Die Apfelspalten in der Sauce am Punkt garen.

Ein Wasserbad ist kein Schwimmbecken

Zur Erinnerung: Frau Willmann bezeichnet dieses Dessert als „das einfachste der Welt". Ich konnte diese Einschätzung auf den ersten Blick nicht teilen. Ein Rezept, das mir das Abwägen von 34 Gramm Maisstärke vorschreibt, jagt mir *a priori* Respekt ein (und dass die große Küchenwaage Frau Willmanns auf 20 Gramm genau anzeigt und das Dazwischen nur erahnen lässt, sei hier auch nicht verschwiegen).
Umgekehrt: Es funktionierte blendend. Weder das Vermengen der Zutaten, noch das Schlagen von Eischnee stellten echte Schwierigkeiten dar, und selbst die Zusammenführung – im Deutsch der Backprofis

„Unterheben" genannt – gelang nach Intervention der Küchenchefin problemlos. Die Intervention bezog sich darauf, dass „Unterheben" nicht Einfach-Zusammenrühren bedeutet, wie wir fälschlich vermuteten. „Unterheben" bedeutet vielmehr, den Eischnee mit möglichst wenigen Handgriffen unter den Teig zu bekommen, und zwar in maximaler Geschwindigkeit. Martina machte das vor. Teigkarte, Schnee in den Teigkessel, zack, zack, zack, schon war die Masse finalisiert.

Beim Nachahmen ging es etwas langsamer. Wieder darf ich das Ergebnis vorwegnehmen: Auch das Nachahmungs-zack-zack-zack (vielleicht klang es auch zaag-zaag-zaaahg) führte zum gewünschten Ergebnis. Daraus zogen wir die Lehre, dass vor allem Eines wichtig ist: den Eischnee nicht langsam und bedächtig zu verrühren, so dass er sein ganzes, eben erst mühsam gewonnenes Volumen wieder einbüsst. Denn das – Küchenprofis dürfen diesen Absatz getrost überlesen – ist die vornehme Aufgabe

Die Eier trennen.

Eidotter schaumig rühren.

Eiklar zu Schnee schlagen.

Topfen, Sauerrahm, Vanillemark, Zitronenschale und Maizena glatt rühren.

Eiklar-Schnee unter die Topfenmasse

mit den Eidottern mischen.

von Eischnee. Er soll die Luft, die wir mit dem Mixer in das bisschen Eiklar gearbeitet haben, zum Zweck der Auflockerung der Gesamtkonsistenz in den Teig befördern, so dass wir beim Genuss der fertigen Speise die Lippen spitzen und „flaumig, flaumig" flöten können. Wir füllten den Teig in die Auflauf-Formen, stellten diese im Wasserbad in den Backofen, wie es im Rezept lakonisch vermerkt stand, und hörten, gerade als die Ofentür zufiel, den lauten Schrei der Küchenchefin: „Viel zu viel Wasser!"

Was ist los? Wasserbad, hieß es im Rezept, also hatten wir das Blech so gut es geht mit Wasser angefüllt.

Frau Willmann hingegen meinte: „Maximal ein Zentimeter Wasser. Sonst ist das Soufflé oben durch und unten gatschig!"

Okayokay.

Es war ein Triumph. Und dass es für die Herstellung des „einfachsten Desserts der Welt" ein paar Anlaufhilfen gebraucht hatte, lässt sich nunmehr verschmerzen, denn Sie sind, sozusagen in Echtzeit, im Besitz derselben.

Auflaufformen mit Butter ausstreichen und mit Zucker ausstreuen.

Die Auflaufformen ¾ voll befüllen.

In ein Wasserbad stellen und

im Backrohr 12 bis 15 Minuten backen.

Weißwein, Zucker und Butter aufkochen.

Die Äpfel in der Sauce am Punkt garen.

Fit für den Alltag

In diesem Kapitel singen wir das Loblied auf den plötzlichen Einfall in der täglichen Notlage.
Es geht um Erlösung von den peinigenden Momenten, wenn man sich auf den Weg zum Markt
macht, im Kopf die Möglichkeiten sortiert, was man möglicherweise wie zubereiten könnte,
und der Kopf liefert nur Ideen, mit denen man erst unlängst am Tisch gesessen hat.
Um dem Terror der Gewohnheiten zu entkommen, hier eine Reihe neuer Anregungen
und Inspirationen.
Wir beginnen mutig. Mit Kreuzkümmel und Koriander.

Rote Linsensuppe mit Kreuzkümmel und Koriander

Zutaten für 4 Personen

ca. 400 g rote Linsen
1 Zwiebel
1 Knoblauchzehe
1 Tomate
1 EL Butter
1 Schuss Obers
1 Schuss Kokosmilch
kleines Stück Ingwer
Kreuzkümmel
Curry
graues Meersalz
Pfeffer
1 TL Red Curry Paste
frischer Koriander
1 Msp. frischer Thymian

Benötigte Küchengeräte

1 großer Topf
Schneidbrett
Messer

Zubereitung

Zwiebel und Knoblauch schälen und klein schneiden.
Tomaten ebenfalls klein schneiden. In einem Topf Butter
aufschäumen, Zwiebel und Knoblauch farblos anschwitzen.
Fein geriebenen Ingwer beigeben. Mit Wasser aufgießen,
Linsen beigeben mit Salz, Pfeffer, Kreuzkümmel, Curry würzen.

Tomatenwürfel beigeben und ca. 20 Minuten bei kleiner Flamme
köcheln lassen.

Den Thymian abzupfen, leicht hacken und beigeben.
Mit etwas Kokosmilch und Obers abschmecken.
Mit frischem Koriander servieren.

Tipp: Sie können die Suppe auch mit Tofuwürfeln ergänzen.

Keine Hexerei, und doch magisch

Was die Chefin voranschickte: Natürlich kann man Kreuzkümmel auch gemahlen kaufen. Doch steigert es das Geschmackserlebnis erheblich, wenn man das Gewürz direkt vom Markt nach Hause trägt und dort dem Mörser überantwortet. Der Mörser: ein erstaunliches Instrument. Unter dem kräftigen Druck des Klöppels entfalten sich Aromen, wie sie noch nie aus einer Vakuumverpackung gestiegen sind.
Das Schneiden und Anschwitzen des Gemüses bereitete keinerlei Schwierigkeiten.

Komplizierter wurde es beim Würzen. Wie viel Schärfe sollte man dem Gebräu zumuten? Wie viel Curry, wie viel Kreuzkümmel? Plötzlich überfiel uns der Respekt vor der eigenen Courage. Sollten wir zugreifen wie auf dem Gewürz-Basar, oder vorsichtig sein wie in der Krankenhaus-Kantine?

Es ist Geschmackssache – eine bessere Antwort gibt es leider nicht. Es empfiehlt sich, das Würzen der Suppe mit dem Kostlöffel in der Hand zu begleiten.

Weniger Schärfe ist vielleicht mehr, aber auch der Eindruck, dass die Sache vielleicht etwas zu scharf geraten sein könnte, ist nicht endgültig:

SCHÄRFE

Mit etwas Obers oder Kokosmilch, die in die Suppe gemischt werden, lässt sich die Schärfe von Curry und Kreuzkümmel wirkungsvoll mildern.

Tipp: Kreuzkümmel vor dem Mörsern kurz in einer Pfanne ohne Öl rösten. Das gibt dem Aroma noch einen entscheidenden Kick.

Gemüse klein schneiden und

in Butter anschwitzen.

Mit Wasser aufgießen und Linsen beigeben.

Tomatenwürfel dazugeben und 20 Minuten köcheln.

Mit frischem Koriander

servieren.

Das folgende Rezept ist nicht nur eine Inspiration an und für sich und eine Alternative zum hastigen Herunterschlingen all dessen, was man zufällig in den hinteren Regionen des Kühlschranks entdeckt. Es ist eine Gebrauchsanweisung, wie Reste eines großen Essens oder eines zu gut gemeinten Einkaufs mit simplen Mitteln und in atemberaubender Geschwindigkeit zu einer außergewöhnlichen Mahlzeit werden können.

Gebratener Eierreis

Zutaten für 4 Personen

6 Handvoll gekochter Reis
1 kleines Stück Lauch
1 Karotte
1 Handvoll Sojasprossen
6 Eier
Olivenöl zum Braten
Sojasauce
frischer Koriander

Benötigte Küchengeräte

1 beschichtete Pfanne
1 Schneidbrett
1 Messer

Zubereitung

Das Gemüse waschen, putzen, schneiden.
In einer beschichteten Pfanne etwas Olivenöl erhitzen, die Karotten in die Pfanne geben, leicht salzen und braten. Wenn die Karotten weich sind, den Lauch, Paprikastreifen und die Sojasprossen beigeben, kurz durchrösten und den Reis dazugeben. Weiterrösten, bis der Reis heiß ist.
Eventuell ganz wenig Wasser beigeben.

Mit Sojasauce und etwas Salz abschmecken.
Die Eier untermischen und solange rösten bis sie gestockt sind. Nochmals abschmecken und mit frischem Koriander servieren.

Tipp: Sie können das Gemüse variieren, je nachdem, was Sie im Kühlschrank haben.

Anleitung zur Improvisation

„Das müsst Ihr nicht so eng sehen", sagte Martina Willmann, als sie uns beim Studium dieses Rezepts beobachtete. „Das Gemüse, das wir hier verwenden, lässt sich fast beliebig mit allem austauschen, was Ihr gerade im Kühlschrank habt."
Der Kühlschrank! Spiegel unserer Seele. Auf Augenhöhe die Delikatessen, die wir uns gestern vom Markt geholt haben, zwei Stöcke tiefer das Gemüse von vorletzter Woche. Nichts wie weg damit!
Doch gar so einfach war es dann auch wieder nicht. Der Aufstellung des zur Verfügung stehenden Gemüses folgte dessen Analyse. Welches Gemüse braucht am längsten, um gar zu werden?
Karotten sind in diesem Zusammenhang Klassensieger, sie müssen zuerst ins Öl.

Paprika und Lauch folgen, Knoblauch und Ingwer sollten stets zum Schluss beigegeben werden, weil sie sonst verbrennen.
Wir garten also das Gemüse – wenn Sie daheim einen Wok haben, her damit! –, gaben den gekochten Reis dazu, fertig.
Die einzige, winzige Gefahr besteht darin, dass der Reis an der Pfanne hängenbleiben könnte: in diesem Fall einen Schuss Wasser zufügen.
Keine zehn Minuten waren vergangen, und wir machten uns ans Finalisieren.
Ein kräftiger Schuss Sojasauce machte zu starkes Salzen überflüssig. Verquirlte Eier brauchten eine halbe Minute, bis sie gestockt waren.
Jetzt hatte das Gericht Volumen und Glanz, Samtigkeit und Raffinesse, und vermittelte uns das Versprechen, dass auch wir jeden Tag etwas Neues erfinden können.

Leicht und frisch? Ganz im Gegenteil: Wer das Deftige mag und seine überraschenden Feinheiten kennenlernen will, liegt mit diesem Eintopf de luxe goldrichtig.

Kartoffel-Linsenragout mit Speck

Zutaten für 4 Personen

300 g Berglinsen
(kleine, braune Linsen)
1 Zwiebel
1 Zweig frischer Thymian
2 Knoblauchzehen
ca. 150 g Obers
1 EL Butter
1 Schuss Apfelessig oder
Balsamicoessig
1 TL Dijonsenf
Salz
Pfeffer aus der Mühle
1 EL frisch gehackte Petersilie
1 Lorbeerblatt

500 g speckige Kartoffeln
200 g Frühstücksspeck
1 EL Butter

Benötigte Küchengeräte

1 Messer
1 Brett
3 Töpfe
1 beschichtete Pfanne
1 Stabmixer

Zubereitung

Die Linsen waschen, anschließend in einen Topf geben und mit Wasser bedecken. Thymian, Lorbeerblatt und eine Zehe Knoblauch beigeben. Weich kochen.
Wenn die Linsen weich sind, abseihen.

Zwiebel und Knoblauch schälen, klein schneiden.
In einem Topf etwas Butter aufschäumen, den Zwiebel darin farblos anschwitzen, Knoblauch und leicht gehackte Thymianblätter beigeben, durchrösten.

Anschließend ¼ der gekochten Linsen beigeben und mit Obers aufgießen. Mit dem Stabmixer pürieren.
Die übrigen Linsen beigeben, mit Salz, Pfeffer, Essig und Dijonsenf pikant abschmecken.

Die Kartoffeln schälen, in ca. 2 Zentimeter große Würfeln schneiden und in einem Topf mit Wasser und etwas Salz bissfest kochen.

Den Speck in Würfel schneiden, in einer Pfanne mit etwas Butter anrösten und anschließend abseihen.

Kurz vor dem Servieren die Linsen mit den Kartoffeln vermischen, Petersilie beigeben und abschmecken.
Mit dem gerösteten Speck servieren.

Eine Lektion im richtigen Mischen

Es ging um drei Töpfe und eine Pfanne. Zuerst die Linsen. Als wir die winzigen Berglinsen mit einer kräftigen Prise Salz in den Kochvorgang verabschieden wollten, stoppte uns das Kommando der Chefin: „Kein Salz!"

HÜLSENFRÜCHTE

Linsen, die vor dem Kochen gesalzen werden, werden nicht weich. Das gilt für alle Hülsenfrüchte.

Wir kochten also die Linsen mit ihren Aromaten weich, salzten dann und gossen sie ab.

Im zweiten Topf hatten wir in etwas aufgeschäumter Butter Zwiebel und Knoblauch angeschwitzt und mit Obers aufgegossen. Das bildete mit einem Viertel der Linsen in gemixter Form die Basis des Eintopfs, in dem die restlichen Linsen sich glänzend ausbreiten konnten.
Im dritten Topf kochten wir die Kartoffeln weich, in der Pfanne rösteten wir die Speckwürfel. Die Linsen und die Kartoffeln wurden im ersten Topf vermischt und angerichtet. Die Speckwürfel wurden darüber gestreut: Fertig waren Martina Willmanns Linsen mit Speck de luxe.

Linsen mit Lorbeer und Gewürzen kochen.

Speck klein schneiden.

Zwiebel, Knoblauch und Gewürze mit Butter anschwitzen.

Ein Viertel der Linsen

mit dem Obers aufgießen und pürieren.

Kartoffeln schälen und kochen.

Kurz vor dem Servieren

Linsen und Kartoffeln vermischen.

Mit geröstetem Speck servieren.

Der Zustand einer Küchenkultur kann ohne weiteres danach bemessen werden, wie Köchinnen und Köche mit den Resten täglichen Kochens umgehen. Das Gröstl ist dafür ein hervorragendes Beispiel.

Gröstl

Zutaten für 6 Personen

300 g gekochtes
oder gebratenes Fleisch
(Tafelspitz, Schweinsbraten, etc.)
1 Zwiebel
300 g gekochte Kartoffeln
250 g Fleckerl (Teigwaren roh)
Öl zum Braten
1 EL Butter
100 g Frühstücksspeck
Salz
Pfeffer
Majoran getrocknet

Benötigte Küchengeräte

2 Pfannen
1 Schneidbrett
1 Messer

Zubereitung

Die gekochten Kartoffeln schälen und blättrig schneiden.
Zwiebel schälen und in Streifen schneiden.
Den Speck in Streifen schneiden.

Die Fleckerl in reichlich Salzwasser bissfest kochen,
anschließend abseihen und kalt abschwemmen.
Auf einem Sieb gut abtropfen lassen.

Das Fleisch in Stücke von 1 Zentimeter Größe schneiden.
In einer beschichteten Pfanne etwas Öl erhitzen
und die Kartoffelscheiben darin goldgelb braten.
Mit Salz würzen.

Anschließend auf ein Sieb leeren und gut abtropfen lassen.

In einer weiteren Pfanne etwas Butter aufschäumen,
Zwiebel und Speck goldgelb braten.

Das Fleisch beigeben und anbraten. Mit Salz, Pfeffer und etwas getrocknetem Majoran würzen. Anschließend die gekochten Fleckerl und die knusprig gebratenen Kartoffelscheiben beigeben.

Abschmecken und mit Kernölsalat servieren.

Der Tag danach

Dieses Rezept ist ein herrliches Beispiel für ein herrliches, herzhaftes Essen am Tag danach, vor vierzig Jahren hätte man wahrscheinlich gesagt: ein Montagsessen. Es kombiniert das, was sowieso immer im Haus ist – Kartoffeln, Zwiebeln, Teigfleckerl – mit den Resten eines Bratens. Das einzige, was notfalls besorgt werden muss, ist der Speck.

Wir waren also sparsam mit dem Material – allerdings nicht mit dem Küchengerät. Wir steuerten unser Ziel auf zwei Wegen – soll heißen in zwei Pfannen – an. In der einen Pfanne brieten die gekochten Kartoffeln, in der anderen Speck und Fleisch, erst ganz am Schluss fand beides zusammen.

Lässt sich beliebig variieren. Und ruft beim Verspeisen laut nach einem Bier.

Weil wir in diesem Kapitel gerade beim Improvisieren sind: Dieses Eggnoodles-Rezept ist vom selben Geist beseelt wie Martina Willmanns Gröstl-Anleitung. Gut für die Pfanne ist, was da ist – wenn man die richtigen Handgriffe kennt und etwas Sojasauce im Haus hat.

Eggnoodles mit Huhn und Gemüse

Zutaten für 4 Personen

300 g Hühnerbrust ohne Haut
200 g Eggnoodles

100 g Sojasprossen
2 Stk. Pak Choi (chinesischer Spinat)
1 roter Paprika
1 EL fein gehackter Ingwer
1 Bund Jungzwiebel
1 Msp. Sambal Olek (Chilipaste)
1 Knoblauchzehe
Sojasauce
dunkles Sesamöl
Olivenöl zum Braten
Salz
Frischer Koriander oder Basilikum

Zubereitung

Die Hühnerbrust in 1 Zentimeter dicke Streifen schneiden.
Das Gemüse waschen, in ca. 1 Zentimeter große Stücke schneiden.
Die Nudeln in kochendes Wasser geben und ca. 2 Minuten kochen lassen. Anschließend abseihen, kurz abschwemmen.

In einer Pfanne etwas Öl erhitzen, die Hühnerbruststreifen mit Salz würzen, scharf anbraten, herausnehmen.
Anschließend das Gemüse scharf anbraten. Danach Ingwer, Jungzwiebel, Knoblauch und Sambal Olek beigeben.

Das Huhn und die gekochten Nudeln beigeben und mit Sojasauce und dunklem Sesamöl abschmecken.

Mit frischem Koriander oder Basilikum servieren.

Benötigte Küchengeräte

1 Schneidbrett
1 Messer
1 beschichtete Pfanne
1 Topf

Das chinesische Gröstl

Es war einfach, einfach, einfach. Und trotzdem wunderbar. Die meiste Arbeit war erledigt, nachdem wir die Zutaten klein geschnitten hatten. Die chinesischen Nudeln waren in atemberaubender Geschwindigkeit gekocht, und beim Gemüse bestand die Herausforderung einzig und allein darin, die Arten, die schneller gar werden, zuletzt in die Pfanne zu geben – im konkreten Fall waren das Knoblauch, Jungzwiebel und Ingwer, die wir lieber nicht verbrennen wollten.
Als wir die Hühnerstreifen in die Pfanne geworfen hatten, hinderte uns Frau Willmann übrigens daran, diese braun zu braten.
„Bei kleinen Stücken darf das Huhn ganz blass bleiben", sagte sie. „Sonst ist es nämlich nicht mehr saftig."
Wir schmeckten wie geheißen kräftig ab – wobei alles andere mit den aromatischen Kraftprotzen Sojasauce und dunklem Sesamöl auch gar nicht möglich gewesen wäre.
Das Gericht ist eine Ode an die Vorräte im Kühlschrank: Es kann auch mit Tofu, Weißkraut, Bambussprossen, Rindfleisch, Shrimps oder Garnelen zubereitet werden.
Frau Willmann: „Das chinesische Gröstl."

Nudeln 2 Minuten kochen.

Öl in der Pfanne erhitzen.

Hühnerstücke anbraten.

Herausnehmen und

Gemüse in der selben Pfanne rösten.

Gewürze und Sambal Olek zugeben.

Nudeln und Huhn in die Pfanne geben.

Mit Sojasauce abschmecken.

Mit frischem Koriander servieren.

Zum Abschluss des Alltagskapitels eine Anregung für eine kleine, feine Süßspeise: über deren Namen in seiner volkstümlichen Verwendung man ins Grübeln geraten könnte. Warum soll ein Schmarren ein Schmarren sein? Schmarren!

Topfen-Mohnschmarren
mit Ingwer-Rhabarberragout

Zutaten für 4 Personen

400 g Topfen, 20 % F.I.T
100 g Joghurt, 3,6 %
1 Ei
4 Eidotter
180 g Vollwertmehl
20 g Mohn gemahlen
12 Eiklar
60 g Zucker (vorzugsweise Rohrzucker)
Schale einer unbehandelten Zitrone
Mark einer Vanilleschote
2 EL Butter zum Backen
1 EL Rohrzucker

250 g Rhabarber
1 nussgroßes Stück Ingwer
¼ L Weißwein
3 EL Rohrzucker
1 TL Stärkemehl

Benötigte Küchengeräte

1 Waage
1 Topf
1 beschichtete Pfanne
(Backofentauglich! Griff!)
Rührmaschine oder Mixer
1 Schüssel

Zubereitung

Den Rhabarber schälen (mit einem kleinen Messer die Schale abziehen). Anschließend in 1 Zentimeter breite Streifen schneiden.
Den Ingwer schälen, in feine Streifen schneiden.

Ingwer und Rhabarber in einen Topf geben, Weißwein und Zucker beigeben, aufkochen und bei kleiner Flamme ca. 3 Minuten kochen lassen. Anschließend etwas Stärkemehl mit kaltem Wasser glattrühren und das Rhabarberragout damit binden.

Für den Schmarren das Backrohr auf 180 °C vorheizen. Topfen, Joghurt, Eidotter, Vanillemark und Zitronenschale verrühren. Eiklar mit Zucker zu Schnee schlagen.
Das Mehl mit dem Mohn vermischen und unter die Topfenmasse rühren, anschließend den Schnee unterheben.

In einer beschichteten Pfanne etwas Butter aufschäumen, die Masse eingießen und ins Backrohr geben.
Dauer: ca. 10 Minuten

Danach herausnehmen, zerreißen, etwas Butter und Zucker beigeben. Durchrösten. Wenn der Schmarren eine schöne Farbe hat, mit dem Ingwer-Rhabarberragout anrichten.

Gestatten: die Teigkarte

Als wir mit der Zubereitung des Topfenschmarren und seines dazugehörenden Ragouts begannen, präsentierte Frau Willmann das wichtigste Utensil für das Gelingen: die Teig-karte. Die Teigkarte benötigten wir, um den Schnee von Eiklar und Zucker unter die von der Küchenmaschine (oder dem Handmixer) bereiteten Masse aus Topfen, Joghurt, Aromaten, Mehl und Mohn zu heben: „Nur ein paar Handgriffe", sagte die Chefin in beschwörendem Ton. „Ihr dürft den Schnee nicht einrühren, sonst verliert er seine Lockerheit. Ihr müsst die Masse mit dem Schnee auflockern, und dafür braucht ihr maximal vier, fünf Schwünge mit der Karte durch den Teig."

Wir ließen es acht oder zehn Handgriffe sein, der Erfolg stellte sich jedenfalls nachsichtig ein. Zehn Minuten, nachdem wir die Topfenmasse in den Ofen gestellt hatten,

hoben wir sie – ja, mit zwei Kochhandschuhen an jeder Hand – aus dem heißen Ofen und demolierten anweisungsgemäß den duftenden Brocken, der aus dem Teig entstanden war.

Das Rhabarberragout kochten wir in einer großen Pfanne kurz auf: damit war auch das erledigt. Wir berieselten den Schmarren mit Staubzucker – und aßen alles sofort auf.

Rhabarber schneiden.

Ingwer und Rhabarber mit Zucker und Wein einkochen.

Topfen, Joghurt, Eidotter, Vanillemark und Zitronenschale verrühren.

Die Masse eingießen und ins Backrohr geben.

Zerreißen, etwas Butter und Zucker beigeben.

Mit dem Ingwer-Rhabarberragout anrichten.

Wichtige Standards

Dieses Kapitel ist dem Wunsch geschuldet, in der eigenen Küche jene Sachen herzustellen, die in den Regalen der Supermärkte Meter um Meter einnehmen und bei deren Konsum man immer denkt, tja, warum mache ich die Mayonnaise eigentlich nicht selber.

Ein Grund dafür ist, dass man nie gelernt hat, wie Mayonnaise tatsächlich gemacht wird – plus Hollandaise, Fonds, etc. Damit ist jetzt Schluss. Nach diesem Kapitel werden Sie nicht mehr sagen können, Sie hätten von nichts gewusst.

Wir beginnen mit einem Gericht, das alle gleichsam lieben, sobald es auf dem Tisch steht und fürchten, wenn es selbst zubereitet werden muss. Selbstgemachte Mayonnaise bewegt also die Gemüter. Ein guter Grund, den Schneebesen in die Hand zu nehmen.

Mayonnaise

Zutaten	Zubereitung
1 Eidotter	Eidotter in eine Schüssel geben, Senf, Salz, Pfeffer und Essig beigeben und glattrühren.
100 g Öl	
1 EL Dijonsenf	
1 TL Apfelessig	Anschließend langsam unter ständigem Rühren das Öl untermischen.
Salz	
Pfeffer aus der Mühle	
	Abschmecken.

Benötigte Küchengeräte

1 Schüssel
1 Schneebesen

Die Kunst des Unmöglichen

Was geht in der Mayonnaise vor, wenn das Öl in das Eidottergemisch fließt? Es erfolgt eine Emulsion – die feine Vermischung von Öl und dem im Dotter befindlichen Wasser. Wie wir alle in der Schule gelernt haben, beliebt Öl auf dem Wasser zu schwimmen, ein Phänomen, das wir zum Beispiel beim Entfetten von Suppe mit großer Freude zu nützen wissen.

Mayonnaise verlangt nun die Emulsion, die Vermischung von Öl und Wasser. Kleinste Tröpfchen von Öl müssen mit dem Wasser ein disperses System eingehen: Damit ist das „wässrige" Miteinander der beiden Bestandteile gemeint, wie es in der gelungenen Mayonnaise stattfindet. Das Gegenteil davon ist die Ölphase, die sich so äußert, als wäre auf dem verschlagenen Eidotter ein Tankerunglück passiert. Dieses System heißt in der Physik „kontinuierliche Phase".

Es geht also darum, nach der Vorbereitung des Eidotters mit dem Öl eine Emulsion herzustellen. Das gelingt aber nur, wenn der Beginn dieser Vermischung extrem langsam angelegt wird. Die ersten Tröpfchen Öl, die in das Eigemisch fallen, müssen enorm ernst genommen und mit kräftigstem Rühren des Schneebesens in Empfang genommen werden. Erst wenn diese eingerührt und nicht mehr als Öltröpfen erkenntlich sind, darf weiteres Öl zugefügt werden. Dieses soll in dünnem Strahl in die Eimischung fließen. Sind die ersten Tropfen Öl gut verrührt, funktioniert die Emulsion des restlichen Öls anhaltend stabil und einfach.

Wenn nicht: dann kippt die Mayonnaise einfach um und trennt sich. Ölpest.

Es konnte also keiner sagen, er wäre nicht vorbereitet gewesen. Zusätzlich gab uns Frau Willmann Unterricht im Halten des Schneebesens.

SCHNEEBESEN

Nicht mit dem ganzen Arm, schlicht aus dem Handgelenk müsse dieser geschlagen werden. Nicht im Kreis soll der Schneebesen wandern, sondern heftig von links nach rechts.

So geschah es. Wir rührten das Eidotter mit Salz, Senf, Pfeffer und Essig zu einer kräftigen Creme. Dann das Öl. Ich hatte noch nie einen Tropfen Maiskeimöl mit so viel Respekt betrachtet, wie den ersten, der aus der Ölflasche in meine Dottercreme plumpste. Ich empfing ihn mit furiosem Links-Rechts meines Schneebesens, begrüßte ihn, indem ich ihn unsichtbar machte. Nächster Tropfen, gleiches Vorgehen.

Mangels großer Mayonnaiseroutine wagte ich es kaum, die Ölzufuhr von Tropfenspeisung auf dünnen Zufluss umzustellen. Aber ich bemerkte mit großer Zufriedenheit, dass sich der Inhalt meines Schälchens zu einer dicken, hellen Paste auszuwachsen begann, dass die Gefahr der Scheidung von Öl und Ei also immer deutlicher gebannt war. Als mein körperlicher Alarmzustand langsam herunterfuhr, merkte ich erst, wie weh mir der rechte Unterarm tat. Ich hatte wohl den Ratschlag der Chefin, aus dem Handgelenk zu rühren, zu wenig beherzigt. Dafür machte ich mir jetzt ein Brot. Schinken. Gurke. Ganz viel Mayonnaise.

Von den Zutaten

zunächst die Eidotter trennen.

Salz,

VARIANTEN

- Statt mit Sonnenblumenöl mit kalt gepresstem Olivenöl rühren. Mit etwas Sauerrahm und gehacktem, eingelegtem Estragon verfeinern.

- Mit gehackten Essiggurkerln, Petersilienblättern, Kapernbeeren und etwas Zwiebel vermischen (Sauce Tartare).
  Achtung: Wenn Sie Zwiebel beigeben, die Sauce bitte am selben Tag verbrauchen, die Zwiebeln werden sonst sauer.

- Mit Estragonessig statt mit Apfelessig abschmecken.

- Mit Ketchup, Zitronensaft, Cognac, geriebenem Kren und etwas geschlagenem Obers abschmecken. Das Ergebnis: die ebenso altmodische wie wunderbare Cocktailsauce. Hier ruht die Basis für einen echten, klassischen Crevettencocktail – ein Gericht, das für die Küchengeschichte dieselbe epochale Bedeutung hat wie Abba für die Popmusik.

Pfeffer,

Essig und Senf

verrühren.

Etwas Öl angießen,

den Rest des Öls
unter ständigem Rühren beifügen,

bis die gewünschte Konsistenz erreicht ist.

Das nächste Rezept taucht jedes Jahr zur Spargelzeit wieder flächendeckend auf, ist aber auch zu Fisch und Meeresfrüchten gut zu verwenden und gehört überhaupt zum Grundinventar der französischen Küche: die gute Sauce Hollandaise

Sauce Hollandaise

Zutaten

1 Eidotter
80 g Butter
1 EL Weißwein
1 EL Suppe oder Gemüsefond
Salz
Pfeffer aus der Mühle

Benötigte Küchengeräte

1 Topf
1 feuerfeste Schüssel
1 Schneebesen

Zubereitung

Die Butter soll flüssig, lippenwarm sein. Sie muss nicht geklärt sein. In einen feuerfesten Kessel den Eidotter mit der Suppe und dem Weißwein geben. Mit Salz und Pfeffer würzen.

Über Wasserdampf dickschaumig schlagen. Kurz bevor der Eidotter zu stocken beginnt, den Kessel mit dem darunter stehenden Wasserbad von der Flamme nehmen.
Die Butter einrühren. Nicht mehr schlagen.

Anschließend sofort in ein anderes Geschirr umleeren, da der Kessel heiß ist und die Hollandaise nachziehen würde. Abschmecken.

Achtung: Fertig aufgeschlagene Sauce darf nicht kalt gestellt werden, beim Wiedererwärmen würde sie gerinnen.

Achtung, Eierspeise

Dieses Rezept bewegt sich knapp unterhalb einer Temperatur von 68 Grad. Bei dieser Temperatur stockt Eigelb, und würden wir bei der Zubereitung von Sauce Hollandaise dem Eigelb beim Stocken zusehen, wäre das Rezept misslungen.

Das Rühren von Eigelb über Wasserdampf ist eine systematisierte Vorsichtsmaßnahme, um letzteres nicht geschehen zu lassen. Wir schlugen also Eidotter, Suppe und Weißwein über dem Wasserbad cremig und rührten die lauwarme Butter ein. Genau an dieser Stelle erschallte der laute Ruf der Chefin: „Umleeren! Sonst gibt das Eierspeise!"
Die Creme musste in ein kaltes Geschirr gegossen werden, weil der vom Wasserbad erhitzte Kessel beim Nachziehen das Ei zum Stocken gebracht hätte, womit die

Hollandaise Geschichte gewesen wäre – oder zumindest akute Wiederbelebungsmaßnahmen erforderlich gemacht hätte. Etwas Wasser und kräftiges Links-Rechts mit dem Schneebesen rettet die Konsistenz der Sauce in den meisten Fällen.
Salzen, pfeffern, aufatmen.

VARIATIONEN

- mit etwas Estragonessig und gehackten, eingelegten Estragonblättern abschmecken. Passt hervorragend zu Fisch, Krustentieren und Kalbfleisch.
- mit Tomatenmark und etwas frischem Basilikum abschmecken. Passt zu Spargelgerichten.
- mit Orangensaft (der vorzugsweise etwas eingekocht wurde, damit der Geschmack intensiver ist) Orangenfilets und Basilikum abschmecken. Passt zu Spargel und Garnelen.
- mit gebräunter Butter und geriebenen Haselnüssen abschmecken. Passt zu rosa gebratenem Fleisch.

Butter „lippenwarm" schmelzen.

Eidotter,

Suppe und Weißwein,

Salz und Pfeffer

zugeben und verrühren.

Über dem Wasserbad

schaumig rühren.

Vom Wasserbad nehmen, Butter einrühren.

In ein kaltes Gefäß umfüllen.

Wir wechseln jetzt zu einer weit weniger aufregenden Gattung von Grundrezepten. Diese dienen der Herstellung von Geschmackskonzentraten aus Knochen und Überbleibseln großer Fleischgerichte. Fonds dienen der Intensivierung des Geschmacks von Saucen oder helfen bei der Herstellung von Risotto. Ihre Produktion erfordert erheblichen Aufwand. Dafür genügt beim alltäglichen Kochen oft die Zugabe einer kleinen Menge von Fonds, um ein Gericht aufregend zu veredeln.

Kalbsfond

Zutaten für 4 Personen

500 g Kalbsknochen
200 g Kalbfleisch-Abschnitte
2 Stück Zwiebel
1 Lorbeerblatt

Benötigte Küchengeräte

1 großer Topf, 1 Schaumkelle

Zubereitung

Alle Zutaten in einen Topf geben, mit kaltem Wasser bedecken und langsam aufkochen lassen.

Sobald es kocht, auf ganz kleiner Flamme ca. 4 Stunden köcheln lassen. Den Schaum und das Fett an der Oberfläche immer wieder abschöpfen.
Wenn der Fond zu stark kocht oder/und der Schaum nicht ordentlich abgeschöpft wird, wird der Fond trüb.

Dieses Rezept stellt keinerlei Schwierigkeit dar. Wir schöpften unseren Anweisungen gemäß große, graue Flocken Schaum ab – geronnene Trübstoffe aus Eiweiß, die mit einem Teil des gelösten Fetts abgeschwemmt werden – und sahen dem Fond im weiteren Verlauf seines Kochprozesses dabei zu, wie er an Farbe und Struktur gewann.
Nach etwa vier Stunden gossen wir den in-zwischen kräftig gewordenen Fond durch ein enges Sieb ab. Nun ging es nur noch um seine weitere Verwendung. Martina Willmann empfahl uns, den Fond in Eiswürfelbehälter zu füllen und einzufrieren.
Damit ist der Fond für seinen späteren Einsatz in der Küche bereits übersichtlich portioniert und kann, wenn Kraft und geschmackliche Tiefe gefragt sind, verwendet werden.

Alle Zutaten 4 Stunden im Wasser köcheln lassen.

Immer wieder den sich bildenden Schaum abschöpfen.

Durch ein Sieb gießen.

Eine noch intensivere Variante des eben beschriebenen Geschmackskonzentrats liefert das folgende Rezept. Es zeigt anschaulich vor, wie Aromen und Geschmacksstoffe auf möglichst kräftige Weise gewonnen und auf natürliche Weise konserviert werden können.

Kalbsjus

Zutaten für 4 Personen

1 kg Kalbfleischknochen
3 bis 4 EL Tomatenmark
2 Zwiebel
1 Zweig Rosmarin

Benötigte Küchengeräte

1 Bratpfanne
1 großer Topf

Zubereitung

Die Knochen in eine Bratpfanne geben, im Backrohr bei 180 °C goldgelb braten. Anschließend das Tomatenmark beigeben und weitere fünf Minuten im Backrohr rösten.
Danach ohne das Fett aus der Pfanne
in einen geräumigen Topf geben.
Mit kaltem Wasser aufgießen und aufkochen.

Wenn es kocht, auf ganz kleiner Flamme ca. 4 Stunden köcheln lassen. Den Schaum und das Fett an der Oberfläche immer wieder abschöpfen. Abseihen.

Das Backen der Knochen hatte mehrere Effekte. Erstens roch die ganze Küche nach Fleisch, und zwar nicht unbedingt angenehm. Zweitens färbte sich das Wasser, in das wir die Knochen nach dem Röstvorgang legten, schnell dunkel, was den Namen „dunkler Fond" plausibel machte. Drittens blieb viel vom Fett, das die Kalbfleischknochen im Ofen ausgeschwitzt hatten, in der Pfanne, so dass der Fond nicht damit belastet war. Viertens schöpften wir deutlich weniger Schaum als bei den nicht gerösteten Knochen, und als nach gut vier Stunden der Topf mit den Knochen vom Feuer kam, bekamen wir nach dem Abseihen des Fonds eine Ahnung davon, warum er in der gehobenen Küche so eine wichtige Rolle spielt. Sein Geschmack war tief, die Konsistenz seidig und voll.

Knochen im Backrohr braten, Tomatenmark zufügen.

Mit Wasser aufgießen und ca. 4 Stunden köcheln lassen.

Durch ein feines Sieb drücken.

Das Herstellen schmackhafter Suppen thematisiert das folgende Rezept. Suppen spielen in der Küche anspruchsvoller Köche eine wesentliche Rolle. Einerseits geben sie selbst interessante Speisen ab, andererseits sind sie als Grundlage für avanciertes Kochen unersetzlich.

Klare Hühnersuppe

Zutaten für ca. 2 Liter Suppe

1,5 kg Hühnerknochen und Fleisch
1 Zwiebel
1 Bund Suppengrün
(Petersilienwurzel, Karotte,
Sellerie, Lauch)
2 Lorbeerblätter
1 TL Pfefferkörner
1 TL Wacholderkörner
Salz

Benötigte Küchengeräte

1 Messer
1 Schichtpfanne
1 großer Topf

Zubereitung

Knochen kalt abschwemmen, anschließend mit dem Fleisch in einen geräumigen Topf geben und mit kaltem Wasser bedecken.

Das Wurzelwerk waschen, klein schneiden. Zwiebel samt Schale halbieren, in einer beschichteten Pfanne ohne Fett mit der Schnittfläche nach unten ganz dunkel braten.

Alle übrigen Zutaten, außer dem Gemüse, in den Topf geben mit Wasser aufgießen und langsam aufkochen lassen. Mit Salz würzen. Einige Male umrühren, damit sich nichts anlegt. Wenn die Suppe einmal aufgekocht hat, nicht mehr umrühren, damit sie nicht trüb wird.

Auf kleiner Flamme ca. 1,5 bis 2 Stunden kochen lassen. Die letzte halbe Stunde das Gemüse beigeben.

Vor dem Abseihen abschmecken und evt. noch etwas Salz beigeben.

Durch ein feines Sieb abseihen. Diese Suppe können Sie mit den verschiedensten Einlagen servieren oder als Basis für andere Suppen verwenden.

Good old Suppenhuhn

Natürlich musste Martina Willmann zugeben, dass kaum ein Privathaushalt zufällig anderthalb Kilo Hühnerabfälle vorrätig hat, wenn gerade eine Hühnersuppe auf dem Speisezettel steht. Bester Ersatz dafür ist das gute, alte Suppenhuhn, und das ist so gemeint, wie es da steht: Ein Huhn, das längst zu zäh ist, um in den Ofen geschoben und mit Ingwer und Rosmarin gebraten zu werden (Seite 121). In der Suppe jedoch tut es beste Dienste. Erhältlich im Hühnerfachhandel. Wir setzten das Wasser mit allen Zutaten kalt an.

KALT/WARM

Wenn Fleisch und Wasser kalt angesetzt werden, profitiert die Suppe. Umgekehrt: Wenn das Fleisch im Wasser gekocht werden soll und für den späteren Verzehr bestimmt ist, sollte das Wasser bereits kochen, wenn das Fleisch zugegeben wird. Es bleibt dann saftiger.

Ich fragte Martina Willmann, warum in jeder ernstzunehmenden Suppe eine an ihrer Schnittstelle fast schwarz gebratene Zwiebel schwimmen muss.
„Wegen der Farbe", antwortete sie, und ich durfte mich über eine plötzliche Einsicht freuen.

Weil ich schon dabei war, fragte ich noch einmal: „Was kann man bei einer Hühnersuppe eigentlich falsch machen?"

Antwort: „Du kannst das Gemüse die ganze Zeit mitkochen. Dann schmeckt die Suppe nicht nach Huhn, sondern nach Gemüse."

Fazit: Wir gaben das Gemüse erst eine halbe Stunde vor Badeschluss in den Topf.

„Das ist alles?"

„Nein. Wenn du zwischendurch umrührst, wird die Suppe trüb. Du musst darauf achten, dass die Temperatur nicht so hoch ist, dass sich das Fleisch am Topf anlegen kann. Ansonsten Finger weg."

So war's. Wir salzten die Suppe ganz am Schluss kräftig nach, hoben das Fleisch heraus, gossen die Suppe durch ein engmaschiges Sieb. Sie war perfekt.

Von schöner, mitteldunkler Farbe.

Roch kräftig nach Huhn.

War klar wie Bernstein: der Erfolg klarer Anweisungen.

Die Zwiebel schwarz anbraten.

Fleisch und Gewürze in einen Topf geben.

Mit Wasser aufgießen und ca. 2 Stunden kochen lassen.

Wichtig: Schaum abschöpfen.

In der letzten halben Stunde das Gemüse dazugeben.

Fertige Suppe abseihen.

Perfektes Gemüse

Es ist ein großes Missverständnis, dass Gemüse in der gehobenen Küche stets nur als Beilage auftaucht oder vielleicht einmal in der vegetarischen Variation eines klassischen Fleischgerichts. Gemüse bringt die Jahreszeiten ideal zum Ausdruck, ist leicht bekömmlich, gesund – und inspiriert Martina Willmann zu sehr speziellen Rezepten.
Wir beginnen mit einem Salat, der sich im übrigen ausgezeichnet als Hauptgericht eignet.

Frühlingssalat mit Gorgonzolasauce und Topinambur-Chips

Zutaten für 4 Personen

4 Handvoll gemischter Blattsalat
(vorzugsweise Bittersalate)
1 kleiner Bund Radieschen
8 Stück Cherrytomaten

3 Stück Topinambur
½ L Öl zum Backen

250 g Sauerrahm
100 g Joghurt
ca. 150 g Gorgonzola
Saft einer Zitrone
Salz
Pfeffer aus der Mühle

6 Scheiben Toastbrot
4 EL Butter

Benötigte Küchengeräte

1 Topf
1 Gitterschöpfer
1 Hobel oder Schneidemaschine
1 Reibe für den Käse
1 Schüssel
1 Schneebesen
1 Messer
1 Schneidrett
1 Pfanne
1 Sieb

Zubereitung

Für das Dressing den Käse passieren oder fein reiben und mit Joghurt und Sauerrahm verrühren.
Mit Salz, Pfeffer und Zitronensaft abschmecken.

Croutons: Das Weißbrot in gleichmäßige Würfel schneiden. In einer Pfanne die Butter aufschäumen, die Brotwürfel beigeben, unter ständigem Rühren knusprig backen. Anschließend abseihen und auf einem Küchenkrepp abtropfen lassen.

Tipp: Wenn Sie die Croutons in reichlich Butter backen, nehmen sie nicht so leicht das Dressing vom Salat an und werden daher auch nicht zäh.

Den Salat putzen, waschen.

Topinambur waschen, trocken tupfen, schälen und auf der Schneidemaschine in dünne Blätter schneiden.
Diese in einem Topf mit heißem Öl goldgelb und knusprig backen.
Mit einem Gitterschöpfer herausnehmen, auf Küchenkrepp abtropfen lassen. Anschließend salzen.

Den Salat kurz vor dem Servieren mit dem Dressing marinieren.
Mit Chips und Brotcroutons servieren.

Die Freuden des Knusperns

Es war dieses eines der Rezepte, bei dessen Umsetzung am meisten genascht wurde. Nicht beim Gemüse, nicht beim Käse: Das Präparieren des Salatgemüses und die Produktion des Gorgonzola-Dressings gingen unspektakulär vor sich, Dienst nach Vorschrift. Aber die Croutons. Martina Willmann wählte als Basis für die gebackenen Brotstückchen Tramezzini-Brot, die weißen, biegsamen Brotquadrate, aus denen sonst die Füllungen von Ei und Thunfisch herausquellen. Diese schnitten wir in kleine Stücke, buken sie in aufgeschäumter Butter braun – wobei uns die Chefin genau auf die Finger schaute, ob wir wie angeordnet die Croutons auch permanent mit dem Kochlöffel im Kreis beförderten. Lakonische Erklärung: „Wollt ihr braune Croutons oder wollt ihr schwarze Croutons?"
Um genau zu sein, wir wollten goldgelbe Croutons, und als wir diese aus der Pfanne fischten und auf Küchenpapier abtrockneten, erreichte der natürliche Schwund Rekordwerte.
Etwas komplizierter verhielt es sich bei den Topinambur-Chips. Zuerst tauchte das Problem des Schneidens auf. Erste Versuche, mit dem geschärften Messer möglichst dünne Scheiben von der Topinambur-Wurzel zu schneiden, wurden von der Chefin mit strengem Grinsen quittiert: „Aus diesem Stück müssen drei Chips rausgehen."
Es erwies sich am Schluss als unvermeidlich, die Schneidemaschine in Betrieb zu nehmen, um Topinambur-Scheiben von deutlich unter einem Millimeter Dicke herzustellen.
Diese wurden ins heiße Öl befördert – freilich nicht im Paket, sondern einzeln, denn sie brauchen Platz zum Schwimmen, um sich in knusprige Chips verwandeln zu können. Deshalb müssen die Chips für jeden anzurichtenden Salatteller unmittelbar, bevor dieser serviert wird, hergestellt werden.

CHIPS
Erst wenn der helle Kern jeder Scheibe sich verdunkelt, ist der Topinambur fertig gegart. Aus dem Öl nehmen. Erst nachher salzen.

Die Frage, ob es denn notwendig sei, Chips *und* Croutons über den Salat zu streuen, beantwortete sich übrigens selbst: Nein. Die Croutons waren, als sie über den Salat gestreut werden sollten, bereits aufgegessen.

Die Marinade zubereiten.

Das Weißbrot schneiden.

Topinambur-Chips auf Küchenkrepp abtropfen lassen.

Ein prächtiges Essen für einen Sommerabend, bunt und reich an Aromen. Allerdings nicht ganz unaufwendig. Dafür eindeutig: ganz einfach.

Gegrilltes Gemüse mit Ziegenkäse

Zutaten für 4 Personen

400 g Ziegenfrischkäse
3 EL schwarze Oliven
1 Bund frischer Basilikum
1 roter Paprika
1 Zucchini
1 Aubergine
1 Knoblauchzehe
1 Zweig frischer Rosmarin
1 Zweig frischer Thymian
Olivenöl zum Braten
Salz
Pfeffer aus der Mühle

Benötigte Küchengeräte

1 beschichtete Pfanne
1 Messer
1 Schneidbrett

Zubereitung

Paprika waschen, halbieren, Kerngehäuse entfernen und in ca. 2 Zentimeter große Stücke schneiden. Zucchini und Aubergine ebenfalls in 2 Zentimeter große Stücke schneiden.
Die Aubergine mit Salz würzen und kurz stehen lassen. Anschließend ausdrücken.

In einer beschichteten Pfanne etwas Olivenöl erhitzen, das Gemüse mit etwas Thymian, Rosmarin und dem Knoblauch getrennt (da die Garzeiten unterschiedlich sind) braten. Mit Salz und Pfeffer würzen.

Wenn das Gemüse weich ist und eine schöne Farbe hat auf ein Backblech leeren, Rosmarin und Thymian Stängel entfernen. Wenn das Gemüse ca. auf Zimmertemperatur abgekühlt ist mit den Oliven vermischen und mit dem Käse dekorativ anrichten. Mit frischem Basilikum garnieren.

Tipp: Dazu passt besonders gut Weißbrot.

Die Zicken des Sommergemüses

Schon der erste Tipp war essentiell:

AUBERGINEN

Die Auberginenstücke müssen kräftig gesalzen und dann zur Seite gestellt werden. Die Aubergine zieht Wasser an, das anschließend ausgedrückt werden kann: So säuft sich die Aubergine beim späteren Braten nicht mehr über Gebühr mit Öl voll.

Wir nahmen Anlauf auf die Bratdurchgänge. Ja, -gänge, denn die verschiedenen Gemüsesorten wurde nicht zusammen in die Pfanne geworfen. Zu unterschiedlich die Garzeiten, das hätte am Schluss einem der Gemüse zum Nachteil gereicht – und uns gezwungen, hartes, halbrohes Gemüse zu essen, in diesem Fall kein Vergnügen.

Stattdessen brieten wir Paprika, Zucchini und Aubergine jeweils in einer Pfanne. Es war ein interessantes Experiment. Das Öl sollte heiß sein, aber nicht so heiß, dass es zu rauchen (auf gut Deutsch: zu verbrennen) begann, aber auch nicht zu kalt, denn das würde es dem Gemüse erlauben, sich mit Öl vollzusaugen. Gefragt war Fingerspitzengefühl am Siedepunkt.

Als die Übung absolviert war – nur ein paar schwarze Schrammen an den Zucchini – kam das Gemüse auf ein Backblech und kühlte solange aus, bis es lauwarm mit Käse und Oliven angerichtet wurde. Lauwarm: ein Zustand, der ganz vielen Speisen gut zu Gesicht steht. Dieser Gemüsesalat könnte besser nicht sein.

Käse und Gemüse schneiden.

Die Mise en Place herrichten.

Das Gemüse in zwei Pfannen garen,

da die Garzeiten unterschiedlich sind.

Mit Salz, Pfeffer und Rosmarin würzen.

Abgießen und

auf einem Backblech kühlen lassen.

Bei Zimmertemperatur mit den Oliven vermischen.

Mit frischem Basilikum garnieren.

Natürlich kennen und schätzen wir viele gängige Gemüsekombinationen – Kartoffeln mit Rosmarin, Tomaten und Basilikum, etc. Dieses Rezept bringt Schwung in die Aromen. Es kombiniert Berglinsen mit Spargel – und weil das so gut funktioniert, kommt auch noch Tintenfisch dazu.

Spargelsalat mit Berglinsen und gegrillten Tintenfischen

Zutaten für 4 Personen

400 g Tintenfische geputzt
1 Knoblauchzehe
Olivenöl zum Braten

600 g Solospargel
1 Zitrone
200 g Berglinsen
1 Lorbeerblatt
1 Msp. getrockneter Thymian
1 kleines Stück Ingwer
Apfelessig
1 Msp. Dijonsenf
Olivenöl
1 Zweig frische Petersilie

Salz
Pfeffer aus der Mühle

Benötigte Küchengeräte

1 Sparschäler
1 geräumiger Topf
1 Gitterschöpfer
1 Topf
1 Sieb
1 Messer
1 Schneidbrett
1 Pfanne

Zubereitung

Spargel schälen. In einem geräumigen Topf mit reichlich Wasser kochen. Das Spargelwasser vorher mit Salz, Zitronensaft und Zucker abschmecken.

Bissfest kochen, anschließend mit einem Gitterschöpfer herausnehmen und abkühlen lassen.

Die Linsen in einen Topf geben, mit Wasser bedecken, Lorbeerblatt, Ingwer und etwas getrockneten Thymian beigeben. Weich kochen.

Wenn die Linsen weich sind, herausnehmen und kalt abschwemmen. Petersilie waschen, zupfen, grob hacken. Die Linsen mit Salz, Petersilie, Dijonsenf, Apfelessig, Olivenöl und Pfeffer abschmecken.

Die Tintenfische in 1 Zentimeter breite Streifen schneiden, in einer Pfanne mit etwas Olivenöl und Knoblauch kurz scharf braten.
Mit Salz und Pfeffer würzen.

Den Spargel mit Olivenöl, Pfeffer, Salz, etwas Zitronensaft abschmecken und dekorativ anrichten.

Ein Triumph der Fantasie

Zuerst rief uns die Chefin in Erinnerung, welch unnütze Küchengeräte doch auf der Welt herumkugeln würden – sie meinte den Spargelkochtopf. Sie beschwor, dass es tausendmal sinnvoller sei, eine Ecke mehr Platz zu haben in der eigenen Küche als dort einmal pro Woche eine Maschine abstauben zu müssen, die man nicht gebrauche.
In der Zwischenzeit war der Spargel fertig. Wir hatten einen Posten neben dem großen Topf, in dem sonst auch Pasta oder Kartoffeln gekocht werden, aufgestellt, der

permanent darüber wachen musste, dass uns der Spargel nicht verkochte. Die Linsen schmurgelten auf kleinem Feuer. Sie hinterließen, als sie weichgekocht waren, dunkles, geheimnisvolles Kochwasser und wurden kräftig abgeschmeckt. Sie vertragen viel Salz, Petersilie und Senf.

HÜLSENFRÜCHTE

Hülsenfrüchte gehören übrigens zu den Lebensmitteln, die immer erst nach dem Kochen gesalzen werden dürfen. Sie werden sonst nicht weich.

Nun kamen die kleinen Hauptdarsteller dieses Gerichts an die Reihe, die Tintenfische. Die Köpfe wurden geputzt, die Augen entfernt, die Körper in Streifen geschnitten. Die Fische zischten im Öl, und die Chefin wies uns an, keine Zeit zu verlieren: Sobald die Tintenfische beginnen, Wasser zu ziehen, müssen sie raus aus der Pfanne.

Wie man Linsen, Spargel und Tintenfisch dekorativ anrichtet, muss uns Frau Willmann freilich in einem eigenen Seminar noch einmal näher erklären. (s.u.).

Spargel mit dem Sparschäler vom Kopf abwärts schälen.

In mit Zitrone, Zucker und Salz abgeschmecktem Wasser garkochen.

Tintenfische auseinander nehmen.

In 1 Zentimeter breite Streifen schneiden.

In etwas Olivenöl sehr kurz anbraten.

Spargel mit den Linsen und den Tintenfischen anrichten.

Ein Klassiker der mediterranen Küche, hier in einer Variante mit aromatischem Paprika.

Geschmorter Fenchel mit Thymian

Zutaten für 4 Personen

Zubereitung

2 Fenchel
1 roter Paprika
1 kleiner Zweig frischer Thymian
1 Knoblauchzehe
Salz
Pfeffer aus der Mühle
Olivenöl

Den Fenchel waschen, oben abschneiden, vierteln. Anschließend in 5 Milimeter breite Streifen schneiden. Strunk übrig lassen. Paprika waschen, vierteln, Kerngehäuse entfernen und in 5 Milimeter breite Streifen schneiden.

In einer beschichteten Pfanne etwas Olivenöl erwärmen, Fenchel und Paprika beigeben, mit Salz und Pfeffer würzen. Knoblauch schälen, leicht andrücken und beigeben. Bei mäßiger Hitze goldgelb braten.

Benötigte Küchengeräte

1 Messer
1 Schneidbrett
1 beschichtete Pfanne

Thymianblätter abzupfen, ganz wenig hacken und beigeben.

Tipp: Der geschmorte Fenchel passt perfekt zu rosa gebratenem Fleisch wie Rind, Kalb, Lamm sowie gemeinsam mit Rosmarinkartoffeln als vegetarisches Gericht. Etwas überkühlt kann er mit Ziegenkäse und Oliven serviert werden.

Ein Lob der Geschwindigkeit

Keines der Rezepte dieses Buche ließ sich so schnell herstellen wie diese Fenchelvariation. Es ist ein Rezept, das keine Ausreden zulässt: Keine Zeit, kein Geld, kein Platz – in diesem Fall egal. Geschmorter Fenchel geht immer. Aufschlussreich übrigens die Technik, mit der Profis eine Knoblauchzehe zum Aufplatzen bringen: kurzer Druck mit dem Messerknauf, geht schon. Intensiv der Geruch des Thymians, der leicht gehackt wurde, damit seine ätherischen Öle frei werden. Er kommt erst ganz zum Schluss zum geschmorten Fenchel und ergänzt entsprechend intensiv dessen Geschmack. Wir aßen das Fenchelgemüse übrigens lauwarm.
Wie immer sehr zu empfehlen.

Fenchel und Paprika waschen und schneiden.

In einer beschichteten Pfanne

zusammen mit dem Knoblauch goldgelb braten.

Mangold ist ein nur selten gebrauchtes Gemüse. In der Kombination mit Curry kommen unbekannte Qualitäten dieser Pflanze zum Vorschein.

Mangoldragout mit Curry

Zutaten für 4 Personen

1 Mangold (ca. 750 g)
1 Zwiebel
1 EL Butter
1 Knoblauchzehe
120 g Obers
Salz
Pfeffer aus der Mühle
1 EL Currypulver

Benötigte Küchengeräte

1 Messer
1 Schneidbrett
2 Töpfe
1 Gitterschöpfer

Zubereitung

Den Mangold in die einzelnen Blätter zerteilen, waschen, anschließend die Blätter vom Stiel trennen.
In einem geräumigen Topf Wasser zum Kochen bringen. Salzen. Wenn das Wasser kocht, die Stiele darin bissfest kochen und anschließend in kaltem Wasser abschrecken.

Die Blätter ebenfalls kurz blanchieren und in Eiswasser abschrecken, damit sie ihre grüne Farbe nicht verlieren.

Zwiebel und Knoblauch schälen, klein schneiden. In einem Topf etwas Butter aufschäumen, Zwiebel darin farblos anschwitzen, Knoblauch beigeben. Kurz durchrösten und mit Obers aufgießen. Currypulver beigeben und abschmecken.

Die Mangoldstiele sowie die Blätter gut ausdrücken und in 1 Zentimeter breite Streifen schneiden. Kurz vor dem Servieren in die Sauce geben, nochmals abschmecken, heiß machen und servieren.

Tipp: Sie können auch gekochte Kartoffelscheiben untermischen. Passt perfekt zu gebratenem Fisch.

Sanfte Würze

Die größte Schwierigkeit dieses Rezepts bestand darin, den Mangold in Form zu bringen. Dann ging alles wie von selbst, weil die Chefin ihre Tricks bereits verraten hatte. Sowohl Stiele als auch Blätter dieser schmackhaften Pflanze aus der Familie der Rüben wurden nach dem Kochen bzw. Blanchieren in Eiswasser gegeben, damit die satte Farbe des Mangolds nicht in ein fades Braun übergeht.
Das Wunder der satten Farben von Gemüse, das ein paar Sekunden im kochenden Wasser lag, ist übrigens leicht erklärt. Die Farbe entsteht, weil in den Lufttaschen zwischen den Zellen des Gemüses Gase entstehen, so dass die Lufttaschen wie Lupen funktionieren und die grünen Zellbestandteile, die Chloroplasten, von intensiverer Farbe erscheinen lassen. Das weitere Garen zerstört diese Konstellation.
Das Abschrecken im Eiswasser wiederum unterbricht den Garprozess, und die schöne Farbe bleibt erhalten.
Zwiebel, Knoblauch und Obers waren wie beim Kohlgemüse (Seite 139) zu einer probaten Basis für die weitere Verwendung des Gemüses gekocht worden, die nun mit einem kräftigen Schuss Curry einen neuen, selbstbewussten Charakter annahm.
Nun reichten ein paar Handgriffe, und ein neuartig gedeutetes Gemüse stand auf dem Tisch (aber nicht lange).

Die Headliner des nächsten Rezepts sind schwarze Bohnen, obwohl sie nur das außergewöhnlichste einer ganzen Batterie von Gemüsen sind, die sich mit gebratenem Rindfleisch zu einem kräftigen, exotischen Eintopf verbünden.

Schwarze Bohnen mit Rindfleisch

Zutaten für 4 Personen

600 g Rindfleisch
in Streifen geschnitten
100 g fein geschnittenes Weißkraut
1 EL fein gehackter, frischer Ingwer
1 Stk. Piri Piri (Chilischote)
Öl zum Braten
1 Bund Jungzwiebel
1 Roter Paprika in Streifen geschnitten
3 EL schwarze Bohnen aus der Dose
(fermentiert, gesalzen,
im Asiashop erhältlich)
ca. 1 EL Stärkemehl
Salz
Pfeffer

Benötigte Küchengeräte

1 Messer
1 Brett
1 unbeschichtete Pfanne

Zubereitung

Das Rindfleisch mit Salz und Pfeffer würzen.
In einer Pfanne etwas Öl erhitzen, das Fleisch darin scharf anbraten. Herausnehmen.

Das Gemüse scharf anbraten (Kraut, Paprika), anschließend den Jungzwiebel, Ingwer und Chili beigeben, durchrösten, mit etwas Wasser ablöschen, Bohnen und etwas Saft der Bohnen beigeben.

Das Fleisch beigeben, aufkochen. Stärkemehl mit etwas kaltem Wasser verrühren und langsam in die kochende Sauce einrühren, bis sie die gewünschte Konsistenz erreicht haben.

Pikant abschmecken.

Tipp: Mit Reis servieren.

Einstieg ins Multi-Tasking

Zuerst die Nervenprobe: Die Streifen von der Beiriedschnitte müssen scharf angebraten werden. Scharf anbraten – das heißt, dass sich das Fleisch auf dem Boden der unbeschichteten Pfanne sofort anlegt und kleben bleibt.
Diese Beobachtung hatte mich in der Vergangenheit stets dazu animiert, Fleisch in der beschichteten Pfanne zu braten. Dieses Eingeständnis sorgte bei Frau Willmann nur für Kopfschütteln: „Wie willst du in einer beschichteten Pfanne je eine Natursauce zustande bringen?"

Ich musste zugeben, dass ich in diesem Moment gar nicht an eine Sauce dachte, sondern daran, dass die feinen Rindfleischstreifen auf dem Boden dieser heißen Pfanne klebten und...
„...keine Panik", sagte Martina, gab der Pfanne einen Stoß und führte jenes Experiment vor, das möglicherweise den Unterschied zwischen guter und sehr guter Küche ausmacht. Sie ließ das Fleisch so lange braten, bis es plötzlich etwas ganz anderes tat, als ich erwartet hätte. Es begann nämlich nicht zu rauchen, weil es verbrannte, sondern es ließ sich plötzlich wieder ganz leicht vom Pfannenboden lösen und hinterließ: „Die Basis jeder Fleischsauce", sagte

die Chefin, und wir hatten etwas über die Coolness fortgeschrittenen Wissens gelernt. Nun kam das Fleisch aus der Pfanne, dafür brieten wir in seinem Bratenfett Kraut und Paprika, Zwiebeln, Ingwer und Chili. Ein Schuss Wasser schickte eine Dampfwolke voller Aromen zum Himmel und half uns, den Bratensatz vom Boden zu schaben. Nun rührten wir die Bohnen ins Gemüse

und gossen etwas von ihrem Saft nach, vorsichtig, denn dieser Saft sah zwar aus wie Sojasauce, war aber doppelt so salzig. Fleisch zurück in die Pfanne.

Die Aufforderung, pikant abzuschmecken hätte übrigens gar nicht erfolgen müssen. Das Gericht war bereits von gehöriger Schärfe.

Alle Zutaten kleinschneiden.

Die Bohnen ausnahmsweise aus der Dose.

Öl heiß werden lassen.

Fleisch anbraten, herausnehmen.

In derselben Pfanne das Gemüse abbraten.

Das Fleisch wieder beigeben.

Große Stücke

Sie sind erstens imposant anzusehen, zweitens enorm schmackhaft und drittens in der Regel gar nicht schwer zuzubereiten. Diese drei Gründe machen große Stücke vom Fisch und vom Fleisch besonders attraktiv, wenn wir die Familie oder Freunde verköstigen dürfen.

Wir beginnen gleich einmal ganz frech bei einem Rezept, das uns vielleicht Respekt einflößt – aber vor dem es sich nicht lohnt, Angst zu haben. Es geht um den im Ganzen gebratenen Fisch, im konkreten Fall entschied sich die Meisterin für einen Wolfsbarsch.

Im Ganzen gebratener Wolfsbarsch

Zutaten für 6 Personen

4 Stück Wolfsbarsch à ca. 300 g
geschuppt, ausgenommen
4 Knoblauchzehen
1 kleiner Bund frischer Rosmarin
Salz
Pfeffer aus der Mühle
4 EL feine Brösel
Öl zum Braten
4 EL Butter
2 EL frisch gehackte Petersilie
2 Zitronen

Benötigte Küchengeräte

1 beschichtete Bratpfanne
1 Messer
1 Löffel

Vorbereitung

- Den Fisch kalt abschwemmen, mit einem Stück Küchenrolle innen und außen trocken tupfen. Anschließend innen und außen mit Salz und Pfeffer würzen.
- Den Bauch mit etwas frischem Rosmarin und einer angedrückten Knoblauchzehe füllen.
- Den Wolfsbarsch auf der geschuppten Haut mit etwas Bröseln bestreuen.

Zubereitung

In einer beschichteten Pfanne etwas Öl erhitzen, den Fisch einlegen und langsam auf beiden Seiten braten. Die Haut soll knusprig und goldgelb sein. Sobald sich die Fischfilets vom Rückgrat zu lösen beginnen, ist der Fisch fertig.

Tipp: Sollten Sie einen dickeren Fisch braten, eine beschichtete Pfanne die für das Backrohr geeignet ist verwenden und den Fisch nur kurz anbraten und dann bei 180 °C ins Backrohr stellen.

Dauer: je nach Stärke und Größe des Fisches
- 1 kg Fisch – ca. 15 Minuten
- 3 kg Fisch – ca. 25 bis 30 Minuten

Anschließend den Fisch vorsichtig herausnehmen, das Öl abgießen, etwas Butter in der Pfanne aufschäumen, Petersilie beigeben, mit Salz würzen. Den Fisch darin kurz wenden und servieren.

Tipp: Sie können in die Butter ganz am Schluss auch etwas Pommerysenf, gehackte Kapern oder Tomatenwürfel geben.

Schule der Nervenstärke

Es ist lustig, mit Fisch zu kochen. Wenn er frisch ist und seine glitschige Oberfläche noch hat, kann man in der Spüle mit ihm fangen spielen. Wenn man ihn im Ganzen brät, wie in diesem Rezept, oder im Sud pochiert, fällt auch der Nervenkitzel des Filetierens aus – darüber lesen Sie mehr auf Seite 177 und 233.

Die Vorbereitungen für dieses Rezept sind einfach. Wer ein Messer mit einem anständigen Knauf hat, weiß, dass es Spaß macht, mit einem kräftigen Druck die Knoblauchzehe aufplatzen zu lassen und sie anschließend viel leichter schälen zu können. Das Andrücken hat übrigens den Zweck, dass die Knoblaucharomen leichter an den Fisch weitergegeben werden.
Der erste interessante Trick, den Martina Willmann bei diesem Rezept rausrückt, ist das Bestreuen des Fisches mit Bröseln.
Das macht doppelt Sinn. Erstens wird die Gefahr gebannt, dass die Haut des Fisches an der heißen Pfanne hängen bleibt, reißt und hässliche Lücken im Auftritt des Fisches hinterlässt. Zweitens unterstützen die Brösel die Bräunung des Fisches wie ein erst-

klassiges Solarium jene von Dieter Bohlen. Nun die Nervenprobe. Das Öl in der beschichteten Pfanne darf nicht zu heiß sein, sonst verbrennen Brösel und Haut gleich einmal.

ÖL ERHITZEN
Öl darf ruhig zischen und gurgeln, wenn das Bratgut hineingelegt wird, aber es darf nie zu rauchen beginnen. Sobald Öl raucht, Pfanne vom Ofen nehmen, abkühlen lassen und die ganze Prozedur mit mehr Vorsicht von vorne beginnen.

Die Fische also in das mäßig heiße Öl gleiten lassen und langsam braten. Hier kommen die Nerven ins Spiel. Wie oft ist es uns schon passiert, dass der Fisch zu lange in der Pfanne gelegen war und hart, trocken, brüchig wurde. Wie können wir sichergehen, dass der im Ganzen gebratene Wolfsbarsch saftig und schmackhaft ist und zudem die feine, feste Struktur seines Fleisches behält?
Umgekehrt, wie gehen wir sicher, dass unsere Nervosität uns nicht dazu animiert, den Fisch zu früh vom Feuer zu nehmen? Unseren Gästen später dabei zuzusehen, wie sie den innen noch rohen Fisch von den Gräten zupfen müssen?
Klare Antwort der Chefin: „Nerven bewahren. Der Fisch ist dann perfekt, wenn sich

Sobald man den Wolfsbarsch „gefangen" hat,   außen und innen mit Salz und Pfeffer würzen   und mit Knoblauch und Kräutern füllen.

das Filet vom Rückgrat zu lösen beginnt." Für alle, denen das zu vage erscheint und die zur Orientierung ein paar Zahlen brauchen, bittesehr: Bei einem Fisch von einem Kilo dauert das etwa 15 Minuten. Bei einem Drei-Kilo-Kerl muss man mit etwa 25 Minuten rechnen. Das ist das die Zeit, zu der man mit einer Gabel ganz leicht am Rücken des Fisches zu zupfen beginnt und nachschaut, was passiert: Sobald sich eine Öffnung zeigt, raus aus der Pfanne.

Der nächste Trick der Küchenchefin ist dann von Interesse, wenn die Herausforderung des punktgenauen Bratens bereits erledigt ist: Das Öl wird samt eventuell schwarz gewordenen Bröseln aus der Pfanne geschüttet. Etwas Butter schmilzt in der noch vorhandenen Hitze, sie kommt zurück auf den Herd, schäumt auf und wird durch klein geschnittene Petersilie aromatisiert. Der Fisch wird in der grün-weißen Butter geschwänkt, damit wieder auf Betriebstemperatur gebracht und sofort auf vorgewärmten Tellern angerichtet.

Das Vorwärmen von Tellern gehört zu jenen einfachen Maßnahmen in der Küche, die Sie sich binnen kürzester Zeit als Selbstverständlichkeit angewöhnen sollten. Natürlich ist es, um ein Paar Würstel zu servieren, nicht unbedingt notwendig, den dafür vorgesehenen Pappteller im Backofen warm zu machen, doch, warum eigentlich nicht? Warme Teller haben den praktischen Wert, dass die Speisen, die wir gerade mit größter Leidenschaft zubereitet haben, länger so schmecken, wie wir uns das vorgestellt haben. Jeder, der schon einmal in einem kalten Fisch herumgestochert hat, weiß Bescheid. Aber warme Teller verströmen auch einen psychologische Botschaft: Achtung, hier hat sich der Koch etwas Besonderes vorgenommen! Hier denkt einer mit!

Mitdenken sollten Sie freilich auch, dass Sie die vorgewärmten Teller, die Sie zum Anrichten aus dem Backofen heben, besser mit dem Kochhandschuh angreifen sollten. Bitte, gern geschehen.

Zusatzherausforderung: Wer dem Tipp der Chefin folgen und die Butter mit Pommerysenf aromatisieren möchte, braucht detektivisches Gespür, um diesen mit einem Verschnitt von verschiedenen Traubensorten aromatisierten Senf aufzutreiben.

Das Ergebnis freilich lohnt den Aufwand. Bei beschafferischer Erfolglosigkeit vorsichtig (und schweigend) auf Dijonsenf ausweichen.

Mit Bröseln bestreuen.

In eine beschichtete Pfanne legen

und goldbraun herausbraten.

Das nun folgende Rezept gehört zweifellos zu den besten und spektakulärsten Rezepten, nach denen man einen ganzen Fisch zubereitet. Der Berg aus Salz, unter dem die elegante Form des Fisches verschwindet, hat etwas Geheimnisvolles, Archaisches: Er verbirgt den Moment der Entstehung von Delikatesse, die Überführung des rohen Fisches in ein reifes, dampfendes Festessen. Entsprechend vorsichtig reagieren viele Menschen auf die Aufforderung, den eben aus dem Wasser gezogenen – oder teuer in der Feinkostabteilung erstandenen – Fisch unter einem Berg aus Salz verschwinden zu lassen.

Uns hatte die Chefin einen Prachtkerl von Branzino mitgebracht. Und drei Kilo Salz.

Branzino in der Salzkruste

Zutaten je Portion	Vorbereitung
1 Branzino im Ganzen, geschuppt, ausgenommen ca. 2 kg grobes Meersalz Rosmarin Thymian Knoblauchzehe Salz Pfeffer	- Backrohr auf 190 °C vorheizen. - Branzino innen mit Salz und Pfeffer würzen, mit den Kräutern füllen. - Die ganze Knoblauchzehe in den Bauch geben.

Zubereitung

Den Fisch auf ein Backblech geben,
das ungefähr 1 Zentimeter hoch mit Meersalz bedeckt ist.

Mit dem restlichen Meersalz abdecken.

Ca. 35 Minuten in das Backrohr stellen.

Bei Tisch die Salzkruste entfernen und den Fisch portionieren.

Benötigte Küchengeräte

hohes Backblech
Messer
Löffel

Salz ist nicht nur zum Salzen gut

Die häufigste Frage angesichts eines Fisches unter einer Ladung Salz lautet: wird denn der nicht zu salzig?

Diese Frage ist von kindlicher Naivität beseelt. Entsprechend leicht fiel es mir, sie zu stellen. Martina antwortete gelassen: „Nein. Der Fisch wird nicht zu salzig. Wenn ihr darauf aufpasst, dass kein Salz in die Bauchhöhle kommt."

Das grobkörnige Meersalz ist schließlich nicht dazu da, verzehrt zu werden, es übernimmt für einen einzigen Kochdurchgang die Funktion eines maßgefertigten Küchengeräts. Es verteilt die Hitze des Ofens gleichmäßig auf den Körper des Fisches, so dass dieser ohne den Verlust von Flüssigkeit gar werden kann und laut Plan besonders saftig auf den Teller kommt.

Dass das Salz die Haut des Fisches direkt berührt, hat Folgen: Die Haut kann nicht gegessen werden. Da sie nicht im Öl knusprig gebraten wurde, ist das kein geschmacklicher Verlust.

Fehlerquelle bei diesem Rezept, wie angesprochen: die Bauchhöhle. Manche Köche schneiden aus Küchenpapier ein Rechteck aus und legen es so über die mit den

Den Fisch innen und   außen mit Salz und Pfeffer würzen.   Mit Kräutern und Knoblauchzehe füllen.

Reichlich Meersalz auf ein Backblech geben.   Den Branzino auf das Salzbett legen   und komplett mit Salz bedecken.

Im 190 °C heißen Ofen 35 Minuten garen.   Aus dem Salzbett befreien.   Mit Löffel und Gabel filetieren.

Kräutern und dem Knoblauch gefüllte Öffnung, dass kein Salz eindringen kann. Martina Willmann verzichtet auf diesen Kunstkniff: „Ist wie Schwimmen mit Schwimmweste." Wobei ich persönlich bei hoher See über eine Schwimmweste nicht ganz unglücklich bin.

Wir diskutierten noch ein bisschen über die Konsistenz der Salzkruste. In manchen Rezepten wird dazu geraten, ein Eiklar in das Salz zu mischen, andere Rezepte fordern dazu auf, eine Handvoll Kräuter mit dem Stabmixer ins Salz einzuarbeiten – Martina winkte ab. Durch die Hitze im Ofen verbinde sich das Salz auch ohne Eiklar zu einer steinharten Masse, unter der die Hitze ihre Wirkung tue. Eine aromatisierte Salzkruste sei ein reines Schaulaufen. Keines der Aromen finde sich am Ende der Übung auf dem Teller wieder.

Wir hatten knapp eine halbe Stunde Zeit, über diese Spezialfragen zu diskutieren.

Dann schrillte die Küchenuhr.

Der Fisch war fertig.

Es war ein erhebendes Gefühl, die Salzkruste mit einem spitzen Messer aufzusprengen. Für diesen Moment lohnt sich die gesamte Prozedur. Die an ihrer Oberfläche steinharte Salzkruste sprang auf, die Teile der Kruste verschoben sich wie Erdteile in tektonischen Krisenzeiten. Über der Pfanne stieg ein explosiver Geruch nach Rosmarin, Thymian und Meer auf und zauberte ein Lächeln in unsere Gesichter.

In alle Gesichter? In meines nicht.

Denn ich hatte die spezielle Aufgabe ausgefasst, den Fisch tellerfertig zu machen. Freilich hatte mich Martina dafür perfekt ausgerüstet: mit zwei Gabeln (es dürfen aber auch zwei Löffel sein).

Zuerst galt es, das Salz, das unterhalb der Kruste liegengeblieben war, sorgfältig zu entfernen und vor allem vom Bauch des Fisches fern zu halten. Dann löste ich mit der Gabel das weiße Fleisch des Wolfsbarschs vom Rückgrat und hob es mit Hilfe des Löffels ab. So gar, wie das Fleisch war, bestand die Herausforderung vor allem darin, es nicht in zu kleine Teile zerbrechen zu lassen.

Es gelang, den Branzino in vernünftige, einigermaßen ansehnliche Portionen, auf vorgewärmte Teller aufzuteilen.

Vorgewärmte Teller: bei Fischgerichten eine schiere Notwendigkeit.

Jetzt war auch ich soweit: Zeit zu lächeln.

Große Stücke für zwei, vielleicht drei, maximal vier Personen: Wir sprechen von einem Huhn. Für die Beschaffung des Huhns gilt, was für alles Fleisch gilt: am besten direkt vom Metzger des Vertrauens. Bei Hühnern ist die Herkunft besonders heikel, weil man als mündiger Konsument auch nicht indirekt für die Zuchthühner in Hühnerfabriken verantwortlich sein will, weshalb das „fertige Brathuhn" aus dem Supermarkt bis zum Beweis des Gegenteils mit Misstrauen zu betrachten ist. Freilandhühner sind Pflicht, Bio-Freilandhühner noch besser – auch wenn man sich mit der etwas muskulöseren Struktur von Tieren, die ihre Beine tatsächlich zum Laufen verwendeten, manchmal erst anfreunden muss. Die Freundschaft erweist sich dafür als haltbar. Martina Willmann entschied sich diesmal für ein ganz einfach klassisches Rezept: das Brathuhn mit Ingwer und Rosmarin.

Brathuhn mit Ingwer und Rosmarin

Zutaten für 6 Personen

1 Brathuhn
1 Zweig frischer Rosmarin
1 nussgroßes Stück Ingwer
1 Zwiebel
1 Handvoll Rosmarin
Salz
Pfeffer aus der Mühle
Öl zum Braten

Benötigte Küchengeräte

1 große Bratpfanne
Messer
Bratengabel

Vorbereitung

- Backrohr auf 180 °C vorheizen.
- Das Huhn waschen, gut abtrocknen, mit Salz und Pfeffer würzen.
- Zwiebel schälen und vierteln.
- Ingwer in Scheiben schneiden.
- Etwas Öl in den Bauch träufeln.
- Das Huhn mit Zwiebel, Ingwer und Rosmarin füllen.

Zubereitung

In einer Bratpfanne etwas Öl erhitzen, das Huhn mit der Brust nach unten hinein legen und ins Backrohr geben.

Nach ca. 15 Minuten umdrehen und fertig braten.
Immer wieder mit etwas Öl aus der Pfanne übergießen.

Dauer: ca. 60 Minuten

Die Wirkung der ätherischen Öle

Zu Beginn der Arbeiten am klassischen Brathuhn nahmen wir von der Chefin eine fundamentale Information entgegen: Die Bauchhöhle des guten Stücks muss mit etwas Öl ausgepinselt werden. Sonst können sich die raffiniert ausgewählten Gewürze, die wir dem Huhn zwecks Aromatisierung auf dem Weg in den Ofen mitgeben, nicht entfalten.

Öl und Hitze sind die Voraussetzung dafür, dass die ätherischen Öle – im konkreten Fall jene des Rosmarins und des Ingwers – abgegeben werden.
Außerdem lernten wir, dass man selbst bei bester Motivationslage auch die einfachsten Dinge falsch machen kannn. Wir schnitten die Zwiebel in winzige, für Risotto geeignete Stücke, obwohl Zwiebelviertel gefragt gewesen wären.

An dieser Stelle flossen Tränen: Eine neue Zwiebel musste dran glauben.

Als das Brathuhn in den Ofen geschoben wurde, tauchte die Frage auf: Was macht die Haut knusprig?

Martina antwortete kurz und bündig: „Das Öl und die Hitze. Deshalb darf ein Huhn auch nie mit Suppe oder ähnlichem eingepinselt werden, das schadet der Knusprigkeit der Oberfläche."

Es war eine Freude, dem Huhn beim Bräunen zuzusehen, auch wenn wir alle Hände voll zu tun hatten (siehe: Beilagen).

Als wir nach drei Viertelstunden darauf aufmerksam machten, dass die Farbe unseres Abendessens, sich der von österreichischen Urlaubern nach einem Adriaurlaub anzunähern begann, trennte die Chefin ein ausreichend großes Stück Alufolie von der Rolle und deckte die Pfanne ab: Damit war weiterer Bräunung vorgebeugt, der Garungsprozess jedoch konnte weitergehen.

Um zu sehen, ob das Huhn fertig ist, rät Martina Folgendes: „ Ich drücke mit den Fingern oben auf den Knochen zwischen den Brüsten. Wenn sich das Fleisch vom Knochen löst oder sich vom Knochen absetzt ist das Huhn fertig." Nun stand schnell die Frage im Raum: Wie kommen wir zu einer brauchbaren Sauce?

BRATENSAUCEN

Das Huhn auf einen Teller setzen, die Pfanne ausleeren. Das Öl muss abgegossen werden, weil es die Sauce viel zu fett machen würde. Von Bedeutung für die Sauce ist nur der Bratensatz, der sich dort gebildet hat, und der Saft aus dem Inneren des Huhns: jener Saft, der sich mit den Aromen von Zwiebel, Rosmarin und Ingwer gebildet hat und der jetzt langsam auf den Teller sickert.

Bratensatz mit ein bisschen Wasser abkratzen, Zwiebel-Rosmarin-Ingwer-Saft dazugeben, etwas einkochen lassen, mit Salz und Pfeffer abschmecken, fertig: Eine Methode, die sich in dieser oder ähnlicher Form immer wieder anwenden lässt.

Huhn mit Gemüse und Gewürz füllen, das Öl nicht vergessen, mit dem Bräter ins vorgeheizte Rohr geben. Nach ca. 60 Minuten ist das Huhn fertig und wird mit dem Messer tranchiert.

Es ist stets ein besonderer Moment, den großen Braten als Höhepunkt eines Festessens zu servieren, nachdem wir ihn zeitgerecht aus dem Backofen gehoben, ihm ausreichend Zeit zum Rasten gegeben haben und schließlich, vor den Augen des entzückten Publikums, die finalen Schnitte mit dem Tranchiermesser setzen. Zum Beispiel zu Ostern.

Geschmorte Lammkeule

Zutaten für 6 Personen

1 Lammkeule (ca. 1500 g)
2 EL Dijonsenf
Salz
Pfeffer aus der Mühle

1 Karotte
1 gelbe Rübe
2 Zwiebel
3 Zehen Knoblauch
1 Zweig Thymian
1 Zweig Rosmarin
2 Tomaten

1 EL Stärkemehl
ca. 250 g Weißwein
evt. 250 g Kalbsfond

Benötigte Küchengeräte

1 feuerfeste Bratpfanne
1 Messer
1 Löffel
1 Flotte Lotte

Vorbereitung

- Backrohr auf 200 °C vorheizen.
- Wurzelwerk waschen, schälen, grob schneiden.
- Lammkeule halbieren, mit Salz, Pfeffer würzen und dünn mit Dijonsenf einstreichen.
- In das Schweinsnetz einrollen.

Zubereitung

Das Fleisch in eine Bratpfanne mit etwas Öl legen und ins Backrohr geben.

Sobald das Fleisch brät (nach ca. 20 Minuten) die Hitze auf 130 °C reduzieren und alle übrigen Zutaten beigeben (Zwiebel, Knoblauch, Tomatenwürfeln, Rosmarin, Thymian, halbierte Knoblauchzehe).
Immer wieder mit dem eigenen Saft übergießen, nach weiteren 20 Minuten mit etwas Weißwein ablöschen.

Dauer: ca. 1 Stunde (Das Fleisch soll zart rosa sein)

Wenn das Fleisch fertig ist, herausnehmen, den Bratenrückstand mit etwas Kalbsfond oder Wasser aufgießen und kurz verkochen, mit etwas Stärkemehl abziehen, abschmecken. Sie können das Gemüse mit anrichten oder zu Sauce passieren.

Als Beilagen passen besonders gut:
Parmesan-Polenta, Püree-Varianten, gebratene Pilze und geschmorter Chicorée.

Tipp: Die Lammkeule kann mit Ziegenkäse gefüllt werden.

Mein Freund, das Schweinsnetz

Es würde zu weit führen, über den anstrengenden Weg zu berichten, an dessen Ende uns die perfekte Lammkeule erwartet.
Wir gehen also davon aus, dass wir den richtigen Lieferanten kennen, der zum richtigen Zeitpunkt das richtige Tier geschlachtet hat und uns dessen bestes Stück zu einem angemessenen Preis überließ.
Die erste Herausforderung des Rezepts besteht in der Anweisung „Lammkeule halbieren". Wie halbiert man eine Lammkeule? Der Länge oder der Quere nach? Natürlich der Länge nach, sagt die Köchin. Man führt das Messer dem Knochen entlang (siehe Foto), bis sich die Teilung in eine etwas höhere Hälfte (mit Knochen) und eine etwas bescheidenere Hälfte von ganz allein ergibt.
Während es wirklich ganz einfach ist, das Fleisch dünn mit Dijonsenf einzustreichen, lauert die Herausforderung im nächsten Detail: Woher bekomme ich ein Schweinsnetz? Dieses netzförmige Fettgewebe aus dem Bauchfell des Schweins, ist ebenfalls nur auf Bestellung zu bekommen.
Wozu überhaupt das Netz? Es dient dazu, die äußeren Partien des Lammfleisches zu schützen, das durch die hohe Hitze im Ofen dazu neigt, auszutrocknen und hart und fasrig zu werden. Dabei entwickelt das Netz die angenehme Eigenschaft der Selbstauflösung.

Wer freilich seine Hemmungen gegenüber dem Schweinsinnenleben nicht überwinden möchte, kann auf folgende Alternative zurückgreifen: die Keule in mit Curry und Kreuzkümmel aromatisiertem Sauerrahm 24 Stunden marinieren. Anschließend sehr sorgfältig abputzen, damit die Rückstände der Marinade im Ofen nicht verbrennen. Natürlich fragte ich an dieser Stelle, ob das Fleisch nicht, wie sonst üblich, scharf angebraten werden müsse. Die Antwort lautete: „Nein. 200 Grad im Backofen sind genug. Das Fleisch bleibt saftiger, wenn man es nicht so scharf anbrät. In zwanzig Minuten nimmt das Fleisch auch genug Farbe an. Ich bin gegen das scharfe Anbraten."
Nächstes Thema: welches Öl? Muss es das denkbar beste Olivenöl sein, kaltgepresst und hocharomatisch?
Wieder sagte Martina Willmann nein.
Sobald beim Anbraten große Hitze entstehen muss, ist kaltgepresstes Öl falsch am Platz, weil es nicht die angemessene Temperatur entwickeln kann. Statt dessen verwendet sie zum Braten geeignetes, griechisches Olivenöl oder einfaches Sonnenblumenöl.
Der Rest war ganz einfach, man durfte nur nicht darauf vergessen, die Hitze auf 130 °C herunterzuschalten und weitere vierzig Minuten vergehen zu lassen.

Wie aber nun die Zeit richtig einschätzen, bis das Fleisch unserer beiden halben Keulen die richtige Konsistenz angenommen hatte – jenes „zarte Rosa", das die Köchin als Zielvorgabe ins Rezept schrieb?
Es konnte mich nicht mehr überraschen, dass Frau Willmann für diese Herausforderung keine technischen Gerätschaften zur Anwendung bringt. Stattdessen brachte sie uns die Daumenprobe bei.

DIE DAUMENPROBE

Linke Hand ganz locker lassen, mit dem rechten Daumen kräftig auf den Ballen des linken Daumens drücken. So fühlt sich Fleisch an, wenn es noch roh ist.

Nun die linke Hand etwas anspannen, so, als wollte man zum Beispiel ein Feuerzeug bedienen. Wieder die Druckprobe mache. Nun hat der Ballen die Konsistenz von Fleisch, wie wir es gerne essen, sagen wir: zart rosa.

Die linke Hand stark anspannen, die Druckprobe wiederholen. Nun greift sich der Daumenballen an, als hätten wir das Fleisch im Ofen vergessen und müssten zurück zum Start.

Die Lammkeule „richtig" der Länge nach schneiden.

Das Gemüse würfelig schneiden,

die Lammkeule kräftig mit Dijonsenf einreiben.

Das Schweinsnetz aufrollen

und das Fleisch damit umhüllen.

Lammkeule auf Zwiebeln in den Bräter legen.

Den Braten öfters mit der Sauce übergießen.

Mit einem scharfen Messer portionieren.

Auf einem Teller anrichten und falls gewünscht mit dem Gemüse servieren.

Eine Nummer kleiner ist das folgende Rezept, und kleiner bezieht sich dabei vor allem auf das Volumen des Fleischstücks eines Schulterscherzels vom Kalb. Das Fleisch ist hell und fein strukturiert, hier wird es entsprechend elegant zubereitet (anders als etwas deftigere Variationen desselben Rezepts mit Rindfleisch).

Geschmortes Kalbsschulterscherzel

Zutaten für 4 Personen

1 kg Kalbsschulterscherzel
1 Zwiebel
1 Zweig Rosmarin
2 Knoblauchzehen
1 Bund Wurzelgemüse
Salz, Pfeffer aus der Mühle
Öl zum Braten
Stärkemehl zum Binden
1 reife Tomate
¼ L Weißwein
1 Msp. Dijonsenf

Benötigte Küchengeräte

1 große Bratpfanne
1 Messer
1 Löffel
1 Haarsieb

Vorbereitung

- Backrohr auf 200 °C vorheizen.
- Das Schulterscherzel mit Pfeffer und Salz würzen,
  mit etwas Dijonsenf bestreichen.
- Zwiebel und Knoblauch schälen, in Würfel schneiden.
- Wurzelgemüse waschen, in 1 Zentimeter große
  Würfel schneiden.

Zubereitung

Etwas Öl in die Pfanne geben, das Fleisch darin ins Backrohr geben.

Alle Zutaten zum Fleisch geben und schmoren lassen
Mit Salz würzen. Nach etwa 30 Minuten mit etwas Weißwein aufgießen.

Immer wieder mit dem eigenen Saft übergießen.
Falls erforderlich etwas Wasser untergießen.

Wenn das Fleisch weich ist, herausnehmen, den Bratenrückstand mit etwas Wasser verkochen, abschmecken und abseihen.

Zum Binden der Sauce etwas Stärkemehl in kaltem Wasser anrühren, und die Sauce damit abziehen.

Vor dem Braten salzen

Ich zögerte, als es darum ging, das Fleisch bereits vor dem ersten Kontakt mit dem heißen Öl zu salzen. Ist es nicht ein ungeschriebenes Gesetz, dass Fleisch erst gesalzen werden soll, wenn der Garvorgang bereits in Gang gesetzt ist? Ich erinnerte mich an ganz plausibel klingende Therorien, die mit Dehydrierung des Fleisches oder etwas Ähnlichem zusammenhingen.

„Quatsch", sagte Martina. „Salzen."
Das meinte sie nicht nur in Bezug auf das blasse Schulterscherzel. Das meinte sie für alle Fleischsorten vor ihrem Gang in die Pfanne, einmal abgesehen von frischer Leber.

Wir betrachteten das Schulterscherzel auf seiner Reise zum Teller sehr aufmerksam und entspannt.
Ein erster Quell der Freude war das Duften des Rosmarinzweiges, sobald er mit dem

heißen Öl in Berührung kam: Erst der Kontakt mit der Hitze setzt die ätherischen Öle des Rosmarin frei.

Eine Lehre, die wir gerne in den Küchenalltag mitnehmen. Es ist von Vorteil, Gewürze und Kräuter so zu verwenden, dass wir nicht nur in den Genuss ihres Ansehens, sondern auch ihrer Inhaltsstoffe kommen: in Verbindung mit der Hitze von Öl oder Butter.

Wenn sich nun die Gabel leicht aus dem Fleisch ziehen lässt und uns auf diese Weise darauf hinweist, dass das Fleisch weich, also fertig geschmort ist, steuern wir die Finalisierung an.
Diese sieht vor, das Fleisch aus dem Ofen zu nehmen und rasten zu lassen.
Es stellte sich jetzt die Gretchenfrage: in der Folie oder nicht?

FLEISCH RASTEN LASSEN

Jedes Fleisch, das rosa gebraten auf den Teller kommen soll, rastet ohne Folie, denn die Folie sorgt dafür, dass die Hitze im Inneren des Fleisches dieses weiter gart, bis es schließlich nicht mehr rosa ist.

Bei einem durchgeschmorten Stück wie dem Kalbsschulterscherzel besteht diese Gefahr nicht. Es kann ohne Weiteres in der Folie rasten. Man darf bloß nicht darauf vergessen, den austretenden Bratensaft zur Sauce zu gießen.

Wir durften uns also dem Schicksal der Sauce widmen. Das wichtigste Grundelement für jede Bratensauce ist der Bratenrückstand auf dem Boden der Pfanne. Dieser wird mit dem Kochlöffel in etwas Wasser vom Boden gekratzt, und zwar so lange, bis nichts mehr von ihm zu sehen ist. Es war ein Punkt, an dem die Köchin nicht mit sich spaßen ließ.

„Es geht", rief sie, „um Alles oder Nichts! Um Geschmack oder keinen!"
Weil sie gerade beim Motivieren war, gab Martina Willmann die Losung aus: „Löffel in die Hand. Es ist Zeit, zu probieren."
Denn jetzt musste die Sauce zur Sauce werden. Dass Abschmecken eine Kunst ist, wussten wir. Aber die Herausforderung, ausreichend Salz und Pfeffer zu verwenden, ist am größten, wenn eine Küchenchefin neben dir steht und nach dem Kosten den Mund verzieht: „Zu fad …"
Wir schickten die Sauce durch ein Haarsieb. Größere Bratenreste blieben hängen. Der Saft schmeckte gut. Die Konsistenz ließ zu wünschen übrig.
Wieder eine Grundsatzdiskussion: die Sauce jetzt mit kalter Butter montieren?
„Nein", sagte Martina. „Warum machen wir es uns nicht einfach?"
Sie rührte eine Messerspitze Maismehl in etwas kaltes Wasser ein und mischte dieses in die Sauce, die sich bald darauf in prächtigem Zustand präsentierte.
Ich muss ziemlich betreten dreingeschaut haben, denn Martina merkte, dass ich die Sache etwas unsportlich fand. Allerdings machte sie mir ziemlich schnell klar, dass „unsportlich" kein Kriterium der guten, einfachen Küche ist.
„So gelingt die Sauce immer", sagte sie, und fing an, über die mannigfaltigen Möglichkeiten zu sprechen, wie man eine Sauce beim Finalisieren noch abkacken lassen kann – Butter verbindet sich nicht mit der Sauce, Sauce zu fett, Mehlklumpen in der Sauce… Möglichkeiten sonder Zahl.

„Okay, okay", sagte ich und beschloss, nicht mehr laut über die Sache zu reden.

Einen ausreichend großen Bräter für das Fleisch bereitstellen,

das Schulterscherzel kräftig mit Dijonsenf einreiben,

mit Salz und Pfeffer würzen und

in das vorgeheizte Backrohr geben,

Gemüse würfelig schneiden

und über das Fleisch geben.

Im Backrohr bei 200 °C braten.

Nach ca. 30 Minuten mit Weißwein übergießen.

Die Sauce durch ein Haarsieb drücken.

Raffinierte Beilagen

Es ist interessant, aber auch ein bisschen enthüllend, wie sehr wir uns beim Kochen auf die Hauptspeisen konzentrieren und dabei ganz aus den Augen verlieren, dass wir sie gebührend begleiten müssen. In diesem Kapitel versammeln wir also eine Reihe von Beilagenrezepten, die von außergewöhnlicher Güte sind, so dass wir durchaus auf den einen oder anderen Hauptgang vergessen dürfen.

Gebratenes Weißkraut

Zutaten für 4 Personen

500 g Weißkraut gehobelt
2 rote Paprika
1 nussgroßes Stück Ingwer
Olivenöl zum Braten
Salz
Pfeffer aus der Mühle
2 EL dunkles Sesamöl

Benötigte Küchengeräte

1 beschichtete Pfanne
1 Messer

Zubereitung

Paprika waschen, halbieren, das Kerngehäuse entfernen, anschließend das Fruchtfleisch in Streifen schneiden.
In einer beschichteten Pfanne etwas Olivenöl erhitzen, das Kraut darin scharf anbraten. Paprikastreifen beigeben, mit Salz und Pfeffer würzen.
Kurz bevor das Kraut fertig ist, den fein geschnittenen Ingwer untermischen und mit Sesamöl abschmecken.

Tipp: Sie können statt der Paprika fein geschnittene Karottenstreifen beigeben und das Kraut auch mit frischem Koriander abschmecken.

Die Entdeckung der Schärfe

Dieses Rezept kann nicht schief gehen, außer jemand verletzt sich ernsthaft beim Krauthobeln. Aus geschmackstheoretischer Perspektive war es interessant zu beobachten, wie sich die drei Bestandteile dieser Beilage – das deftige Kraut, der süßscharfe rote Paprika und der frisch-scharfe Ingwer – zu überzeugender Harmonie fanden.

Das Kraut ließ in der Pfanne das Gewöhnliche fallen und entwickelte einen anregenden, kräftigen Geruch. Der Paprika entfaltete sich im Zusammenspiel mit der Hitze und ließ eine Ahnung von süßer Schärfe in der Pfanne liegen. Der Ingwer, in winzige Stücke geschnitten, würzte das fertige Kraut mit frischem Biss.
Kräftig durchrühren und darauf aufpassen, dass das Kraut nicht zu viel Farbe erwischt. Beim Abschmecken mit Sesamöl dessen Vorzüge im Blick behalten: Ein wenig Sesamgeschmack rundet die Beilage ab. Zu viel davon macht sie ungenießbar.
Blieb die Frage, welche Speisen dieses Kraut am besten begleitet. Martina Willmann: „Gebratenes Weißkraut passt besonders gut zu kräftigem, gegrilltem Fleisch wie Schweinskotelett, Lammfleisch oder Rind."

Es folgt ein kleines Highlight. Zwar entfremdet dieses Rezept den Chicorée seiner ursprünglichen (und vornehmen) Aufgabe als Salat, doch kommt das zarte Pflänzchen plötzlich kräftig und muskulös aus der Küche. Eindrucksvoll!

Geschmorter Chicorée

Zutaten für 4 Personen

4 Chicorée
Saft einer Zitrone
250 g Orangensaft
1 EL Zucker
1 kleiner Bund Thymian
Salz

Benötigte Küchengeräte

1 Topf

Zubereitung

Für den Chicorée in einem Topf reichlich Wasser aufkochen, mit Zitronensaft, Orangensaft und Zucker abschmecken.

Den Chicorée waschen, halbieren und ca. 20 Minuten weich kochen.

Anschließend mit einem Gitterschöpfer herausnehmen, den Chicorée kurz vor dem Servieren in etwas brauner Butter mit frisch gezupftem Thymian schwenken und abschmecken.

Der Doppelsinn des Abschmeckens

Natürlich ist „abschmecken" im Zusammenhang mit dem Anreichern von Kochwasser ein dehnbarer Begriff. Es geht dabei nicht darum, das Wasser vorsichtig zu aromatisieren, sondern es maximal mit Geschmack anzureichern. Schließlich soll die leichte, schmackhafte Bitterkeit des Chicorée (bedingt durch den Inhaltsstoff Intybin) während des Kochens mit den Aromen von Zitrone, Orange und Zucker angereichert werden – soll heißen: Nicht sparsam sein mit dem Geschmack für das Wasser!

Als wir den Chicorée schließlich aus dem Wasser hoben und abtrockneten, ordnete die Chefin den entscheidenden Veredelungsschritt an: das Schwenken in brauner Butter, die wiederum durch eine Handvoll Thymianblätter parfümiert worden war. Runde Sache.

Heißes Wasser mit Zitronen-, Orangensaft und Zucker abschmecken.

Chicorée waschen, halbieren und weichkochen.

In Butter schwenken und mit Thymian abschmecken.

Kohl ist ein unterschätztes Gemüse. Sein Geruch gilt als banal und seine Verwendungsmöglich-keiten als eingeschränkt. Die Wahrheit sieht natürlich anders aus. Kohl ist nicht nur ein außer-ordentlich schönes Gemüse, er eignet sich auch zum raffinierten Speisebegleiter.

Kohlgemüse

Zutaten für 4 Personen

1 kleine Zwiebel
1 Knoblauchzehe
½ Kopf Kohl
⅛ L Obers
Majoran getrocknet
Salz
Pfeffer
1 EL Butter

Benötigte Küchengeräte

1 Pfanne
1 Stabmixer

Zubereitung

Zwiebel und Knoblauch schälen, klein schneiden.
Den Kohl in einzelne Blätter zerteilen, waschen.
Die Blätter in kochendem, mit Salz gewürztem Wasser bissfest blanchieren.

Anschließend in Eiswasser oder reichlich kaltem Wasser abschrecken, damit sie die grüne Farbe nicht verlieren.

In einem Topf etwas Butter aufschäumen, Zwiebel darin farblos anschwitzen, Knoblauch und etwas Majoran beigeben. Durchrösten und mit dem Obers aufgießen.
Aufkochen, mit Salz und Pfeffer würzen.

Die Kohlblätter gut ausdrücken und in 1 Zentimetet breite Streifen schneiden. Zwei Drittel des Kohls dienen als Einlage. Das dritte Drittel zum Ansatz (Oberssauce) geben und mit dem Stabmixer pürieren.

Danach den restlichen Kohl beigeben und abschmecken.

Zwiebel und Knoblauch schälen und kleinschneiden.

Kohl waschen, zerteilen und

in Salzwasser bissfest blanchieren.

Am Ursprung des Farbenwunders

Es dauerte nicht lange, bis die Kohlblätter bissfest gekocht waren, jetzt der Trick: Den Kohl mit dem Gittersieb sofort aus dem Kochtopf ins bereitgestellte Eiswasser transferieren, denn damit ist sichergestellt, dass die auffällige, lebendige Farbe der Blätter erhalten bleibt. Diese trockneten wir nun mit der Küchenrolle ab. Das musste ziemlich sorgfältig erledigt werden, weil sich in den Windungen der Kohlkräusel unglaublich viel Wasser versteckt.

Die Anweisung des Rezepts lautete nun, ein Drittel des Kohls mit dem Zwiebel-Knoblauch-Obers-Gemisch zu vermischen und daraus mit dem Mixer eine feine Creme zu produzieren (für alle, die keine Küchenmaschine besitzen: Stabmixer geht auch).

Wir entschieden uns, dafür die hellsten Kohlblätter zu verwenden, freilich aus rein ästhetischen Gründen.
Die blassgrüne Creme, die dunkelgrünen Einlagestreifen: ein optisches Gedicht mit langem Nachgeschmack.

Durch das Eiswasser

behält der Kohl sein Farbe.

Nach dem Abschrecken ausdrücken.

Kohl in Streifen schneiden.

Ein Drittel des Kohls mit dem Schlagobers pürieren

und mit dem restlichen Kohl zusammen abschmecken.

Risotto ist Gegenstand vielfältiger, kulinarischer Glaubenskriege. Welcher Reis, welche Hitze, welche Rührgeschwindigkeit. Dieses Rezept stellt sich abseits der italienischen Stammeskriege und geht einen eigenen, ganz einfachen Weg.

Safranrisotto

Zutaten für 4 Personen

200 g Risottoreis
1 Zwiebel
2 Knoblauchzehen
2 EL Butter
2 EL frisch geriebener Parmesan
1 Msp. Safran
1 Schuss Weißwein
1 Zucchini
1 Lorbeerblatt
1 roter Paprika
1 Zweig frischer Thymian
Salz
Pfeffer aus der Mühle

Benötigte Küchengeräte

1 Pfanne
Stabmixer

Zubereitung

Zwiebel und Knoblauch schälen, klein schneiden.
Zucchini waschen, Paprika waschen, Kerngehäuse entfernen, beides in kleine Würfel schneiden.

In einem Topf etwas Butter aufschäumen, Zwiebel darin farblos anschwitzen, Knoblauch und Reis beigeben, durchrösten, mit Weißwein ablöschen und mit wenig Wasser untergießen.
Immer wieder etwas Wasser untergießen.
Mit Salz und Lorbeerblatt würzen. Safran beigeben.

Auf kleiner Flamme 20 Minuten köcheln lassen. Während der letzten fünf Minuten sollte kein Wasser mehr nachgegossen werden, damit der Reis ziemlich trocken ist. Anschließend auf ein Blech streichen, um ein Nachziehen zu verhindern.

In einer Pfanne etwas Olivenöl erhitzen, Zucchini und Paprikawürfel darin rösten. Mit Salz und Pfeffer würzen.
Am Schluss etwas frisch gehackten Thymian beigeben.

Kurz vor dem Servieren wird der Safranreis mit dem Gemüse vermischt, aufgekocht, eventuell etwas Wasser beigegeben und mit Parmesan abgeschmeckt.

Die Unterbrecherlösung

Zwei Sachen irritierten mich, schon bevor wir zu kochen begannen. Erstens: dass es keine Anweisung der Küchenchefin gab, Suppe zu kochen (oder wenigstens die, die wir zuletzt gekocht hatten, aus dem Eisschrank zu holen). Die Chefin konterte das cool: „Mir sind Risottos, die mit Suppe gekocht werden, viel zu schwer. Keine gute Beilage." Zweitens: dass wir für ein Risotto Zucchini und Paprika klein schneiden mussten. Das widersprach nun allem, was man bei der Lektüre italienischer Kochbücher

je gelernt hatte, aber es entsprach dem Hang Martina Willmanns zum Praktischen. Wenn ihr etwas nicht passt, passt sie es an, klassisch hin oder her. Martina Willmann: „Du wirst schon sehen!" (und damit würde sie im Sinne des Wortes recht behalten – die Gemüsestücke sollten aus dem knallgelben Risotto ein kunterbuntes Essen machen, ein regelrechtes Unterhaltungsgericht).
Wir kochten das Risotto langsam, auf kleiner Flamme. Wir löschten die getoasteten Reiskörner mit einem kräftigen Schluck Weißwein ab. Achtung: Da dieses Risotto nur mit Wasser, und nicht mit Suppe gekocht wird,

die selbst einen kräftigen Eigengeschmack mitbringt, ist der Wein am Schluss deutlicher zu schmecken als bei klassisch-italienischen Risottos.

Wir färbten den Reis mit Safran. Dann wurde jeweils in kleinen Portionen Wasser nachgegossen, ehe Frau Willmann uns knapp vor Fertigstellung des Risottos verbot, weitere Flüssigkeit zuzuführen.

„Der Reis", sagte sie, „muss trocken werden. Kein Gatsch." So geschah es.

Der Reis trocknete, brannte zwar um ein Haar an, aber zu Befehl: kein Gatsch. Der wichtigste Arbeitsschritt freilich wartete jetzt auf uns:

Wir kippten das Risotto auf ein Backblech und strichen es mit Hilfe einer Teigkarte glatt. Das verunmöglicht es dem Risotto, weiter zu ziehen: der Garprozess war unterbrochen.

Nun können in aller Ruhe die anderen Handgriffe erledigt werden, im konkreten Fall ging es um das Anschwitzen der Gemüsestücke. Der Reis kam erst am Ende der Zielgeraden zurück in den Topf, wurde mit einem Schuss Wasser befeuchtet, aufgekocht, mit dem Gemüse vermischt, mit Parmesan abgeschmeckt.

Lektion gelernt.

Paprika und Zucchini extra rösten.

Den Safran kann man im Weißwein auflösen.

Parmesan reiben.

Reis mit Knoblauch anschwitzen.

Mit Weißwein und Safran ablöschen.

Auf ein Backblech aufstreichen.

*Kartoffeln werden oft missverstanden. Früher wurden sie despektierlich als „Sättigungsbeilage"
diskreditiert, heute bilden sie die anonyme Grundlage für das Drama industriell hergestellter
Pommes frites. Natürlich stellen wir uns diesen Vorurteilen mutig in den Weg.
Diese Variante zum Beispiel ist eine ganz einfache Delikatesse.*

Rosmarinkartoffeln

Zutaten für 4 Personen

800 g kleine speckige Kartoffeln
3 EL Butter
1 kleiner Bund Rosmarin
Salz
Öl zum Braten

Benötigte Küchengeräte

1 Topf

Zubereitung

Die Kartoffeln waschen, in einen Topf geben, mit Wasser
bedecken und weich kochen. Anschließend schälen.
Größere Kartoffeln halbieren, in einer Pfanne etwas Öl erhitzen,
Kartoffeln in die Pfanne geben. Knusprig braten.

Rosmarin abzupfen und schneiden. Kurz bevor die Kartoffeln
fertig sind, Butter und Rosmarin beigeben. Mit Salz würzen.

Tipp: Sie können die Kartoffeln auch mit etwas Speck oder
gehackten Grammeln ergänzen und nur mit Salat servieren.
Dazu würde auch etwas Kernöl gut passen.

Auch das Einfachste ist Sache des Knowhow

Eines ist klar: Dieses Gericht ist nur mit den besten Kartoffeln interessant. Die Unterschiede zwischen der Supermarktware und ausgesuchten Kartoffeln in den Geschäften verantwortungsbewusster Händler ist größer, als man denken möchte. Es lohnt sich, im Bioladen oder auf Bauernmärkten nach den geschmackvollsten Exemplaren zu suchen und sich nebenbei beraten zu lassen, welche Sorten wofür am besten geeignet sind – für dieses Rezept sind es wohl Kartoffeln der Sorte Sigma.

Es hat übrigens keinen Sinn, auf einen Satz zu viele Kartoffeln einzukaufen. Wenn Kartoffeln nicht ideal, nämlich kühl und dunkel, gelagert werden, beginnen sie schleunigst auszutreiben. Kartoffeln, denen die weißen Triebe schon durch die Schale wachsen, sind nicht mehr zu genießen.

Außerdem erfuhren wir beim Ausprobieren dieses Rezepts, dass auch scheinbar simple Bratkartoffeln etwas Anlauf brauchen: Sie müssen, bevor sie in der Pfanne knusprig und braun werden können, gekocht und geschält werden. Ließe man diesen Arbeitsgang aus, wären die Kartoffeln zwar außen knusprig, aber innen noch roh. Am Schluss schließlich noch der entscheidende Trick: Zu den in etwas Öl gebratenen Kartoffeln kamen noch ein Stück Butter und der frisch gehackte Rosmarin.

Die Butter zerlief und nahm die ätherischen Öle des Rosmarin auf. Über der Pfanne stieg eine Wolke des appetitlichen Geruchs auf, und plötzlich war ein G'riss um die knusprigen, parfümierten Kartoffeln, und die Chefin lachte nur und sagte absolut zutreffend: „So kann man auch mit kleinen Sachen den Kindern eine Freude machen." Wo sie Recht hat, hat sie Recht.

Frische Pasta

Natürlich gibt es auch die Möglichkeit, eine Packung De Cecco Spaghetti zu öffnen, in den Topf mit dem kochenden Wasser fallen zu lassen und aus den gekochten Nudeln mit etwas Olivenöl und Knoblauch eine Mahlzeit zu bereiten. Aber das ist ein anderes Kapitel, und auch, wenn Spaghetti aglio e olio eine durchaus ernstzunehmende Alternative zu einem Butterbrot sind, wollen wir uns hier einem anderen Kapitel von Teigwaren widmen – den selbst gemachten. Es ist also Zeit, die Mindestausstattung der Küche (siehe Seite 14) um eine klassische Imperia-Nudelmaschine zu ergänzen. Das ist ein kleines, kompaktes Gerät, ganz einfach zu bedienen und in seinen Resultaten unvergleichlich. Wagen wir das große Wort: Selbst die tollsten Tagliatelle der Welt sind in getrocknetem Zustand niemals so außergewöhnlich wie jene, die wir mit unserer Imperia zehn Minuten vorher aus dem Teig geschnitten haben. Aber machen wir es uns nicht gleich so leicht. Wagen wir uns erst einmal an hausgemachte Ravioli.

Hausgemachte Topfen-Minzeravioli mit brauner Butter und Parmesan

Zutaten für 4-5 Personen

500 g griffiges Mehl
1 EL Olivenöl
15 Eidotter
Prise Salz

Fülle:
1 Bund frische Minze
400 g Topfen
2 EL braune Butter
Salz
Pfeffer aus der Mühle
1 Ei zum Bestreichen
3 bis 4 EL braune Butter
1 Handvoll frisch geriebener Parmesan

Benötigte Küchengeräte

Nudelmaschine
1 großer Topf
1 Gitterschöpfer
1 Pfanne
1 Käsereibe

Zubereitung

Nudelteig: Alle Zutaten zu einem glatten, festen Teig verkneten, falls erforderlich etwas kaltes Wasser beigeben. Anschließend 20 Minuten rasten lassen.

Fülle: Den Topfen mit reichlich fein geschnittener Minze, brauner Butter, Salz und Pfeffer abschmecken.

Den Nudelteig mit Hilfe einer Nudelmaschine dünn ausrollen.

Die Fülle aufdressieren, die Ränder mit versprudeltem Ei bestreichen. Mit einem weiteren Nudelblatt abdecken und ausstechen. Die Ränder mit einer Gabel festdrücken.

Kurz vor dem Servieren die Ravioli in reichlich Salzwasser kochen.

Auf vorgewärmten Tellern mit reichlich brauner Butter und frischem Parmesan servieren.

Tipp: Frische Pasta immer gleich verarbeiten oder auf ein mit Mehl bestaubtes Blech legen und tiefkühlen. Wenn die Pasta unbehandelt im Kühlschrank steht, kann sie sehr leicht zusammenkleben!

Es muss sich anfühlen,
als wäre der Teig aus Plastilin

Dieses Rezept spricht ein großes Wort gelassen aus: einen halben Kilo Mehl, 15 Eier, ein bisschen Salz und einen Esslöffel Olivenöl zu einem festen Teig verkneten.
In Wahrheit kann man sich das bisschen Salz ganz problemlos ersparen, weil nämlich beim Kneten so viele Schweißtropfen von der Stirn des unglücklichen Knetmeisters tropfen, dass der Teig problemlos für Salzgebäck durchgeht.

Im Ernst: Es ist eine gnadenlose Übungssache, den Pastateig fest und glatt zu bekommen. Es gibt Momente in der Knetkarriere jedes Anfängers, in denen er angesichts des trockenen, rissigen Brockens auf seiner Arbeitsfläche nur noch an die Klimakatastrophe denken kann und die Hoffnung auf einen Teller Pasta nur darauf aufbaut, dass noch eine Packung Spaghetti im Vorratsschrank liegt.

Doch es wird besser. Der Einsatz des eigenen, auf die Handflächen übertragenen Gewichts, die Wärme der teigverkrusteten Hände, die Feuchtigkeit von ein paar klug platzierten Spritzern Wasser zeigen nach einer gewissen Zeit doch noch Wirkung, und urplötzlich kippt die Konsistenz der Teigkugel von sahelzonenartig in „fest und samtig".
Das war der Zeitpunkt, zu dem wir den Teig in einen Bogen Küchenfolie einschlugen, um sein erneutes Austrocknen zu verhindern, ihn zum Rasten auf die Seite stellten und uns ein Glas genehmigten, um den Flüssigkeitsverlust beim Kneten auszugleichen.
In italienischen Kochbüchern ist übrigens immer vom Doppio Zero-Mehl die Rede, welches das einzige Mehl sei, aus dem Pasta entstehen dürfe. Dieses Mehl ist tatsächlich toll, es hat bloß den Nachteil, dass es hierzulande nicht zu kaufen ist. Ersatz: griffiges Mehl oder das Wiener Doppel-Null.

Ungefähr zu diesem Zeitpunkt pflückte ich mir ein Stück Teig aus der Kugel: alte Gewohnheit aus der Zeit, als ich meiner Oma beim Kekse Backen auf die Nerven ging. Der Teig schmeckte ... fad.
„Wir haben das Salz vergessen, Martina!"
„Untersteh dich", rief Frau Willmann zurück. „Wenn du Salz in den Teig tust, werden die Ravioli weich und gatschig!"
Lehre: keinen Pastateig kosten. Ihn nur nach seiner Konsistenz beurteilen.

Teig fest und samtig kneten.

Rasten lassen.

Mit Hilfe einer Nudelmaschine dünn ausrollen.

| Die Fülle aufdressieren. | Ränder mit versprudeltem Ei bestreichen. | Mit einem Nudelblatt abdecken. |

Er muss sich, so die Chefin, „fest und glatt wie Plastilin" angreifen.

Wir konnten uns also an die Produktion der Füllung machen, ein Vorgang von simpler Eleganz im Angesicht der eben überstandenen Mühen. Topfen durchzurühren und mit Minze anzureichern, erwies sich als vergleichsweise geringe Herausforderung. Das Abschmecken mit brauner Butter hingegen war ein Highlight: Die so in einen neuen Aggregatzustand überführte Butter bereicherte die Topfenmasse um ihren charakteristischen, nussigen Geschmack, und ich

kann zu diesem Thema nur empfehlen, die Pfanne, in der die Butter erhitzt wird, nicht aus den Augen zu lassen.

Von brauner Butter zur Spüle, wo Verbrennungsrückstände aus der Pfanne gekratzt werden müssen, ist es nur ein kurzer Weg. Nun an die Maschine. Kleine Teigstücke zu Teigblättern auswalzen, bis sie dünn, aber noch nicht durchsichtig sind (Stufe 1 der Distanzeinstellung der Imperia). Das ist anfangs ein Gebastel, weil das Teigblatt gern auf die schiefe Bahn kommt und wir die ganze Prozedur von vorne beginnen müssen,

| Ravioli ausstechen. | Ränder festdrücken. | Mit reichlich Mehl bestäuben. |

aber hier macht sich ein wenig Übung rasch bezahlt – makellose Bahnen aus leuchtend gelbem Pastateig sind die Belohnung (wozu hätten wir auch sonst 15 Eidotter verarbeitet, wenn nicht für diese Farbe).

Nun mit einer dafür geeigneten Form Kreise aus dem Teig ausstechen, einen Klecks der Füllung darauf setzen und einen zweiten Teigkreis darüber legen. Den Teigrand mit Eiklar einstreichen, damit der Teig klebt (ich nahm statt Eiklar einfach Wasser. Funktionierte auch. Darf nur die Chefin nicht wissen).

Wir befolgten alle Tipps konsequent bis auf einen: darauf zu achten, dass neben der Füllung keine Luftblase mehr im neu entstandenen Raviolo sitzt. Die wenigen Exemplare, wo wir darauf vergessen hatten, revanchierten sich dafür im kochenden Wasser: Sie gingen auf. Ihre Füllung färbte das Wasser, als wäre ein Ei beim Kochen geplatzt.

Das Kochen dauert bei frisch gemachten Teigwaren übrigens viel kürzer als bei getrockneten.

FINALER TRICK

Zum Anrichten die Ravioli noch einmal durch gebräunte Butter schwenken, die mit etwas Wasser verdünnt wurde. Das gibt den Ravioli Glanz und Geschmack, macht sie aber nicht klebrig und fett.

Und als Postskriptum, für den Fall, dass wir mehr Ravioli gemacht haben, als wir gerade in der Lage sind zu essen:

EINFRIEREN

Ravioli können gut tiefgefroren werden. Sie werden, wenn man sie braucht, tiefgekühlt ins kochende Wasser geworfen und wie oben serviert.

Die handgemachten Ravioli in reichlich Salzwasser kurz kochen. Kurz vor dem Servieren in brauner Butter schwenken.

Für das Pesto alle Zutaten

zusammen in den Mixer geben

und pürieren.

Hühnerfilets klein schneiden, würzen

und in einer Pfanne mit Butter und
Rosmarin braten.

Teig mit der Nudelmaschine schneiden.

Bandnudeln in reichlich Mehl wälzen und
kurz in heißem Wasser kochen.

Nudeln in einer Pfanne mit
dem Pesto schwenken.

Mit frischem Parmesan anrichten.

Weil wir gerade mit der Nudelmaschine hantiert haben: Hier ist das Rezept, das Sie brauchen, wenn Sie ein bisschen zu viel Teig angefertigt haben.

Hausgemachte Bandnudeln mit Basilikumpesto und gebratenen Hühnerfilets

Zutaten für 4 Personen

500 g griffiges Mehl
10 Eidotter
2 Eiklar
1 EL Olivenöl
wenig kaltes Wasser

Pesto:
1 Bund frisches Basilikum
1 EL Pignolikerne
1 EL frisch geriebener Parmesan
1 Knoblauchzehe
ca. 80 g Olivenöl, Salz, Pfeffer

500 g Hühnerfilets
2 EL Butter zum Braten
1 Zweig frischer Rosmarin
2 EL Obers
frisch geriebener Parmesan

Benötigte Küchengeräte

1 Nudelmaschine
1 großer Topf
1 Gitterschöpfer
1 Pfanne
1 Käsereibe

Zubereitung

Nudelteig: Alle Zutaten zu einem festen, glatten Teig verkneten. Anschließend ca. 30 Minuten rasten lassen. Danach mit der Nudelmaschine dünn ausrollen und in Bandnudeln schneiden.

Für das Pesto alle Zutaten vermischen und mit dem Stabmixer pürieren. Abschmecken.

Die Hühnerfilets in fingerdicke Streifen schneiden, mit Salz und Pfeffer würzen und in einer Pfanne mit etwas Butter und Rosmarin braten.

Die Nudeln in kochendem Salzwasser bissfest kochen. Abseihen und kurz abspülen, damit das überschüssige Mehl weg ist.

In einer Pfanne mit dem Pesto schwenken, eventuell 2 EL Wasser oder Obers beigeben und abschmecken. Mit frischem Parmesan und den Hühnerstreifen nett anrichten.

Tipp: Das Pesto in Gläser füllen und in den Kühlschrank stellen. Hält ca. 1 Woche.

Einmal fürs Selbstvertrauen

Dieses Rezept entpuppte sich als echter Selbstbewusstseinsbeschleuniger. Es konnte nichts schief gehen, und das Resultat erwies sich als äußerst elegant und erfrischend schmackhaft.

Die Tagliatelle entstanden aus dem übrig gebliebenen Teig der Ravioliproduktion (s.o.), freilich in der Teigblattstärke 1,2. Das Pesto baute darauf auf, dass wir frisches Basilikum und Knoblauch, der noch nicht seine grausliche Altersschärfe angenommen hatte, verwendeten, sowie Parmesan und Olivenöl der besten Qualität. Es machte riesige Freude, mit ein paar Handgriffen ein Pesto herzustellen, das den Vergleich mit teuren, konservierten Pesto-Gläsern aus dem Feinkosthandel nicht scheuen musste, eher umgekehrt.

Die Hühnerstreifen waren in Windeseile gar – kaum hatten sie den Hauch von Farbe angenommen. Nun galt es nur noch, für das Anrichten der Tagliatelle das Pesto heiß zu machen, mit etwas Wasser zu strecken und die Nudeln darin zu schwenken.

Perfekt.

Wie gut wir kochten.

Es wartet ein echter Klassiker, nur diesmal in unserer eigenen Interpretation. Pasta mit Sugo, oder sagen wir so: die schmackhafte, rote Hackfleischsauce in Martina Willmanns Prägung mit hausgemachten Bandnudeln. Natürlich ist es sinnvoll, davon gleich einen ganzen Topf zu kochen und das Sugo portionsweise einzufrieren.

Sugo

400 g gemischtes Faschiertes
2 kleine Zwiebel
3 Knoblauchzehen
Öl zum Braten
2 Tomaten
1 EL Tomatenmark
Oregano getrocknet
500 g Tomatensaft
Salz
Pfeffer aus der Mühle
Olivenöl

Benötigte Küchengeräte

1 Topf
1 Messer
1 Käsereibe

Zubereitung

Zwiebel und Knoblauch schälen, klein schneiden.
Tomaten in kochendem Wasser blanchieren, in Eiswasser abschrecken, die Haut abziehen, vierteln, Kerne entfernen und das Fruchtfleisch in kleine Würfel schneiden.

In einem geräumigen Topf etwas Öl erhitzen und das Fleisch scharf anbraten. Anschließend Zwiebel und Knoblauch beigeben, durchrösten, mit Salz, Pfeffer und Oregano würzen. Tomatenmark beigeben, durchrösten und anschließend mit Tomatensaft aufgießen, das Fleisch soll gerade bedeckt sein. Aufkochen und bei kleiner Flamme köcheln lassen.
Dauer: ca. 25 bis 30 Minuten

Kurz bevor das Sugo fertig ist, abschmecken und die Tomatenwürfel beigeben.
Mit frisch geriebenem Parmesan servieren.

Tipp: Diese Sauce passt perfekt für Gnocchi, Pasta oder Lasagne. Die Sauce kann auch mit klein geschnittenen Oliven ergänzt werden.

Das schnellste Sugo der Welt

Natürlich kannten wir die Nachrichten aus der klassischen italienischen Küche, die besagen, dass ein vernünftiges Sugo nicht vor drei, vier Stunden Schmordauer seinen Topf verlassen darf. Dieses Sugo schon. Es setzt andere Prioritäten.

Wir plagten uns also beim Präparieren der Tomaten. Dabei erwies sich, statt stundenlang über dem Faschierten zu stehen und es mit Milch und Suppe langsam-langsam-langsam

zu verkochen, wie es etwa die wunderbare Marcella Hazan in ihrem Standardkochbuch „Die klassische italienische Küche" befiehlt, der Tipp, die Tomaten nach dem Blanchieren in Eiswasser zu werfen, als segensreich. Die Haut ließ sich problemlos abstreifen, wir sparten uns das sonst manchmal lästige Gezupfe an der Oberfläche und konnten unsere ganze Aufmerksamkeit auf das Entfernen der Kerne lenken. Die klagende Frage, ob es für diese feinmechanische Aufgabe denn nicht ein Küchengerät gebe, beantwortete die Chefin lakonisch: „Nein." Nun der Trick.

EXTRA RÖSTEN

Wir rösteten das Fleisch bei großer Hitze in einem Topf und die kleingeschnittenen Zwiebeln in einem anderen. Das hat den Effekt, dass das Faschierte – Hälfte vom Schwein, Hälfte vom Rind – nicht im Wasser der Zwiebeln zieht, sondern ungestört angebraten werden kann.

Erst dann kamen Zwiebeln, Faschiertes und alle anderen Gewürze zusammen, am Schluss eine kräftige Ladung Tomatensaft. Darin köchelte das Sugo nicht einmal eine halbe Stunde lang. Wir gaben die klein geschnittenen, im Schweiße unseres Angesichts erarbeiteten Tomatenstücke dazu, und ich begriff, was die Köchin gemeint hatte: Sie verliehen dem Sugo in Windeseile eine fantastische Frische.

Nun taten wir wie gehabt etwas Wasser zum Sugo, drehten die Flamme hoch, zogen die frisch gemachten Bandnudeln (s.o.) durch ihre Sauce und schwenkten sie kräftig darin.

Parmesan drüber, fertig.

Zwiebeln und

Faschiertes getrennt anrösten.

Erst dann in einen Topf geben

und mit den Gewürzen einkochen.

Zum Schluss mit Tomatensaft ablöschen.

Fertig ist das schnelle Sugo.

Nun ist der Zeitpunkt gekommen, zu dem wir uns für den Kindergeburtstag wappnen müssen – oder für den Besuch einer Bande von Freunden, mit denen gemeinsam wir uns ein Fußballspiel der italienischen Nationalmannschaft anschauen wollen. Es ist natürlich angemessen, dass genau zum richtigen Zeitpunkt – nach dem Sackhüpfen der Kinder, nach dem Halbzeitpfiff des Schiedsrichters – das Essen fertig ist, das allen schmeckt, nämlich dieses: Lasagne.

Lasagne

Zutaten für 4 Personen

500 g Lasagneblätter
600 g gemischtes Faschiertes
2 EL Tomatenmark
½ L Tomatensauce oder Tomatensaft
1 Zwiebel
1 Knoblauchzehe
Majoran getrocknet
Oregano getrocknet
Öl
Salz, Pfeffer aus der Mühle
3 EL Parmesan gerieben

Béchamel:
1 L Milch
60 g Mehl
60 g Butter
Salz
Muskat
3 Eidotter

Benötigte Küchengeräte

1 Schneebesen
1 Pfanne
1 feuerfeste Bratpfanne
1 Auflaufform

Zubereitung

Zwiebel und Knoblauch schälen, klein schneiden.
In einem Topf etwas Öl erhitzen, Faschiertes beigeben
und durchrösten.
Erst dann Zwiebel und Knoblauch beigeben, anschließend
mit Salz, Pfeffer, Majoran und Oregano würzen.

Anschließend Tomatenmark beigeben, umrühren
und mit Tomatensaft aufgießen.
Kurz verkochen lassen und abschmecken.

In einem weiteren Topf etwas Butter aufschäumen, das Mehl
beigeben, kurz durchrösten und mit kalter Milch aufgießen.
Mit einem Schneebesen gut umrühren.
Wenn die Sauce aufgekocht hat, beiseite stellen.
Mit Salz und Muskat würzen.
Die Eidotter und 2 Esslöffel geriebenen Parmesan beigeben.

Eine Auflaufform mit etwas Butter ausstreichen und mit einer
Schicht Lasagneblätter beginnen.
Danach die rote Sauce (Sugo), anschließend die weiße Sauce
(Béchamel), wieder eine Nudelschicht, danach Sugo und
anschließend wieder Béchamelsauce übereinander schichten.
Oben sollte mit Nudelblättern und Bechamel Sauce
abgeschlossen werden.

Mit geriebenem Parmesan bestreuen und ca. 35 Minuten bei
180 °C im Backrohr backen.

Vorsichtig mit zwei Geschirrtüchern herausnehmen, kurz stehen
lassen und anschließend in Stücke schneiden und servieren.

Tipp: Statt der Sugosauce können Sie auch gekochtes oder
gebratenes Gemüse oder Räucherlachsstreifen einlegen.

Sugo: Faschiertes, Zwiebel, Tomatenmark, Tomatensaft und Gewürze.

Béchamelsauce: Milch, Mehl, Butter, Eidotter, Muskat und Salz bereitstellen.

Mehl in Butter aufschäumen, kalte Milch zugeben.

Mit Salz, Muskat und Pfeffer würzen.

Eier und Parmesan beigeben.

Die Lasagneblätter

in der Auflaufform

schichtweise mit Sugo

und Béchamel aufschichten.

Auch Lasagne hat einen Knackpunkt

Wir hielten uns nicht lang mit der Produktion der Fleischsauce, der Roten Sauce, auf, das hatten wir inzwischen drauf. Das Rezept erlaubte uns auch, beim Anschwitzen der Zwiebeln zu plaudern und sie nicht nur glasig, sondern schon wie aus dem Sonnenstudio in der Pfanne vorzufinden.

Die Schwierigkeiten begannen mit der Produktion der weißen Sauce, der Béchamelsauce. Was im Rezept ziemlich lakonisch beschrieben wird, hat ein gewisses Fuck-Up-Potenzial, vor allem das Mehl betreffend. Mehl hat die Neigung, in Verbindung mit Flüssigkeit, zum Beispiel flüssiger Butter wie in diesem Rezept, zu verklumpen. Es kann daher leicht passieren, dass man mit dem Schneebesen in der Hand gegen die Mehlklumpen in der Butter kämpft und darüber vergisst, dass gleich alles anbrennt, wenn nicht die kalte Milch nachgegossen wird. Aber auch ein Geist aus überkochender Milch, der aus der Pfanne aufsteigt, um uns die Zunge herauszustrecken, ward gesehen.

Martina Willmann erteilte daher ergonomischen Schneebesen-Haltungsunterricht: Der Schneebesen muss nämlich locker aus dem Handgelenk geschlagen werden, um die notwenige Mischung aus Kraft und Elastizität entfalten zu können, die für viele Gerichte, zum Beispiel eine ordentliche Béchamelsauce, notwendig ist.

Der Rest: passenderweise ein Kinderspiel. Bereits das Auskleiden der Auflaufform mit Butter weckte Erinnerungen an früher, und das Einschichten von Nudelblättern, roter und weißer Sauce, gestaltete sich als küchenarchitektonisches Vergnügen.

Dieses Vergnügen wiederholte sich auf kulinarischer Basis, nachdem es uns gelungen war, die Pfanne ohne Verletzungen aus dem heißen Backofen zu bergen.

Mit Parmesan bestreuen.

Bei 180 °C im Backrohr backen

und heiß servieren.

Ebenfalls mehrheitstauglich und in seinen Variationen schier unerschöpflich ist das folgende Rezept. Hier kombinieren wir die sonst gern mit Tomatensauce als das perfekte Kinderessen servierten Gnocchi allerdings etwas leichter, raffinierter – und erwachsener: mit Morcheln und Spargel.

Handgemachte Gnocchi mit Morcheln und grünem Spargel

Zutaten für 4 Personen

600 g große mehlige Kartoffeln
130 g Weizengrieß
130 g Vollwertmehl
1 Ei
1 nussgroßes Stück Butter
Salz
Muskat

300 g frische Morcheln
250 g grüner Spargel
1 kleiner Bund Kerbel
2 EL Butter
1 Schuss Obers
Salz

1 Eidotter
1 EL Weißwein
1 EL Suppe
80 g Butter
Salz
Pfeffer aus der Mühle

Benötigte Küchengeräte

2 Töpfe
1 Kartoffelpresse
1 Schneebesen
1 hitzebeständiger Kessel

Zubereitung

Für die Gnocchi die Kartoffeln waschen, in einen Topf geben, mit Wasser bedecken und weich kochen.
Anschließend herausnehmen, schälen und pressen.
Es werden 500 g gepresste Kartoffeln benötigt.

Die gepressten Kartoffeln mit den übrigen Zutaten für den Teig verkneten. Anschließend auf einer mit Mehl bestaubten Arbeitsfläche eine dünne Rolle formen, danach kleine gleichmäßige Stücke abschneiden.
Gnocchi formen. In kochendem Salzwasser kochen.
Dauer: ca. 5 bis 8 Minuten

Morchelragout: Den Spargel waschen, in kochendem Salzwasser bissfest kochen. In Eiswasser abschrecken, damit er die Farbe nicht verliert. Anschließend in kleine Stücke schneiden.

Morcheln putzen, halbieren, kurz kalt abschwemmen, da sie sehr sandig sind.

In einer Pfanne etwas Butter aufschäumen und nussbraun werden lassen. Die Morcheln beigeben, mit Salz würzen und durchrösten. Mit wenig Obers untergießen, kurz aufkochen und beiseite stellen.

Sauce Hollandaise: siehe Seite 77

Kurz vor dem Anrichten die Hollandaise und die Gnocchi mit den Morcheln vermischen, abschmecken und mit frischem, gehacktem Kerbel servieren.

Tipp: Sollten Sie die Gnocchi nicht gleich verarbeiten wollen, auf ein mit Mehl bestaubtes Blech geben, mit Klarsichtfolie abdecken und tiefkühlen. Wenn der Kartoffelteig länger steht, lässt er Wasser und die Gnocchi werden zu weich.

Das Komplizierte am Einfachen

Der Grund, warum viele von uns gerne Kartoffelpüree machen wollten, der Fabrikation von Gnocchi aber auswichen, wohnt im Detail: Für Püree werden die mehligen Kartoffeln zuerst geschält, dann gekocht und anschließend gepresst. Für Gnocchi sollen sie zuerst ausdämpfen, anschließend in der kräftigen Hitze eines kompletten Garungsdurchgangs geschält werden und erst dann der weiteren Bestimmung zugeführt werden. Die weitere Bestimmung – die Fabrikation des Kartoffelteigs – gestaltete sich freilich als Fest. Die Kartoffeln rochen so gut, dass wir lächelnd Gries, Mehl und Ei und Butter einarbeiteten, dann kräftig würzten – vor allem der Muskatduft verbündete sich freundschaftlich mit dem Aroma der Kartoffeln. Auch die nächsten Arbeitsschritte forderten uns nicht über Gebühr heraus. Flugs lag eine lange Reihe von mehr oder weniger ansehnlichen Knödelchen vor uns, und wir wären sicher in einer gehobenen Art von Selbstzufriedenheit erstarrt, hätte die Chefin uns nicht darauf hingewiesen, dass zu lange Wartezeiten die Gnocchi weich und feucht werden lassen. Entweder, so ihre Anweisung, ins Wasser mit ihnen. Oder in Folie eingewickelt ins Tiefkühlfach.

Schwieriger bereits der nächste, scheinbar einfache Schritt: das Reinigen der Morcheln vom Sand. Das gestaltete sich fast noch aufwändiger als das Verdienen des vielen Geldes, mit dem man Morcheln bezahlen kann.

Dafür ein echtes Erfolgserlebnis beim Spargelkochen.

ABSCHRECKEN

Das Abschrecken der grünen Stangen in dem vorbereiteten Gefäß mit Eiswasser ließ das Gemüse in einem fast unnatürlichen Grün erstrahlen: die Kälte konservierte die Farbe, bis der Spargel deutlich später auf den Teller kam. Diese Methode lässt sich auf alles grüne Gemüse, das beim Kochen sonst die Farbe verliert, anwenden.

Doch nun zur Herausforderung dieses Rezeptes, zur Sauce Hollandaise. Diese Sauce hat einerseits die Eigenschaft, von cremiger Konsistenz zu sein, den Geschmack anderer Ingredienzien zu verstärken und banale Gerichte auf leichtfüßige Weise zu veredeln. Andererseits neigt die Hollandaise dazu, zu misslingen.

Vor allem aber müssen Voraussetzungen für das mögliche Gelingen der Sauce geschaffen werden. Das Aufschlagen über Wasserdampf macht einen Schneekessel nötig, der stabil

Den Mise en place gut vorbereiten.

Gekochte Kartoffeln pressen

und mit den übrigen Zutaten verkneten.

über kochendem Wasser montiert/gehalten werden kann, so dass das Verwandeln des Dotters mit einem Minimum an Flüssigkeit aus Wein und Suppe in eine dicke, schaumige Creme überhaupt gelingen kann. Wieder lächelte Frau Willmann und zeigte mit dem Finger auf ihr Handgelenk. In der ruhigen, aber dynamischen Bewegung dieses Handgelenks liegt der Schlüssel für den Erfolg des Schneebesens, den die Hand hält. Als besondere Hürde erwies sich die Umstellung der Technik, als es darum ging, die leidlich schaumige Creme um die Butter zu ergänzen. Das Handgelenk wollte den Schneebesen weiterschlagen, aber die Chefin erlaubte das nicht. „Nur rühren!", sagte sie sanft und beruhigend, und an diesem Tonfall war zu ermessen, dass Aufregung jetzt fehl am Platz war. So verdichtete sich unsere Hollandaise als psychologisches Meisterstück.

Und – um Ihrer Frage zuvorzukommen – natürlich hätte man die Gnocchi nur mit den Morcheln und schlussendlich auch ohne Hollandaise anrichten können.

Aber Sie hätten nicht so gut geschmeckt.

Teig in kleine Stücke teilen.

Gnocchi formen.

Grünen Spargel kochen und in Eiswasser abschrecken.

Morcheln in nussbrauner Butter durchrösten.

Gnocchi in heißem Wasser kurz kochen, Morchelragout und Spargel

mit der Hollandaise und den Gnocchi vermengen.

A la Minute

Es handelt sich um eine der Königsdisziplinen des Kochens: Ein Stück Fisch, ein Stück Fleisch für ein paar Minuten, manchmal auch nur für wenige Sekunden mit genau ausgeklügelter Hitze in Berührung zu bringen, und schon ist ein vollkommenes Gericht bereitet. Das ist die eine Seite des „A la Minute"-Kochens.
Die andere schmeckt natürlich bitter: Es ist die Seite des harten Fleisches, des rohen Fisches, der mühsam reparierten schwarzen Krusten. „A la Minute" kann oft genug zu einer Falle werden. Wir fangen dieses Kapitel deshalb auch mit einem Gericht an, dessen Zubereitung gewisse Interpretationsspielräume offen lässt: Thunfisch in der Pfefferkruste.

Thunfisch in der Pfefferkruste

Zutaten für 4 Personen

600 g frisches Thunfischfilet
1 EL Dijonsenf
Salz
Pfeffer geschrotet
Öl zum Braten
1 EL Butter
1 Zweig frischer Rosmarin

Benötigte Küchengeräte

1 beschichtete Bratpfanne
1 Messer

Zubereitung

Den Thunfisch mit Dijonsenf, Salz und Pfeffer würzen. Anschließend in einer Pfanne mit Öl scharf anbraten. Der Thunfisch soll innen zart rosa sein.

Kurz vor dem Anrichten in 1 Zentimeter breite Scheiben schneiden, in der Pfanne etwas Butter aufschäumen, gehackten Rosmarin beigeben und den Thunfisch auf einer Seite darin kurz anschwitzen.

Auf vorgewärmten Tellern servieren.

Das Geheimnis der Wärmespeicherung

Es ist gar nicht einfach, guten Thunfisch zu bekommen, weil es sich inzwischen herumgesprochen hat, dass Thunfisch nicht zwangsläufig in Dosen zur Welt kommt und dass frischer Thunfisch sowohl schmackhaft als auch einfach zu verarbeiten ist.
Der Bedarf nach Thunfisch zeitigt dramatische Auswirkungen. Das Meer wird weit über die erlaubten Quoten hinaus leer gefischt, und die Läden sind überschwemmt mit Thunfisch, über dessen Herkunft man lieber nichts wissen will.
Es ist also enorm wichtig, dass Sie Thunfisch nur beim Fischhändler kaufen, der Ihr volles Vertrauen genießt. Für Thunfisch gilt das gleiche wie für Fleisch: selten essen, dafür nur die allerbeste Qualität.

Nach dieser Diskussion über das Qualitätsgefälle zwischen Einzelhändler und Supermarkt gingen wir daran, unser – selbstverständlich beim besten Fischhändler der Stadt erstandenes – Filet zu bearbeiten.

Das war einfach. Es galt bloß, das bratengroße Stück zu salzen, mit Senf einzuschmieren und den grob geschroteten Pfeffer zu applizieren.

Dann ab in die Pfanne.

Da es sich beim Thunfisch um Sashimi-Qualität handelt, also um Fisch, der in japanischen Restaurants roh serviert wird, empfiehlt es sich, die Bratzeit kurz zu halten und vor allem darauf zu schauen, dass die Kruste etwas Farbe annimmt.

Fisch aus der Pfanne auf ein Brett heben, geschärftes Messer ansetzen.

Als wir das Filet jetzt in Scheiben schnitten, sah es perfekt aus. Doch Martina warnte: „Ein Schritt fehlt noch." Sie schäumte in der Pfanne Butter auf, aromatisierte diese mit grob gehacktem Rosmarin und zog das Thunfischstück durch.

Dazu passt gebratenes Weißkraut (Seite 135).

Thunfisch salzen.

Mit Dijonsenf einstreichen.

Pfefferkörner auf einen Teller streuen.

Thunfisch auf allen Seiten darin wälzen.

In einer Schichtpfanne mit Öl braten, rasten lassen.

In aufgeschäumter Butter anwärmen und servieren.

Beim nächsten Gericht ist die Sache bereits etwas heikler. Es geht wieder um Fisch, allerdings um ein edles Fischfilet, das auf der Haut gebraten werden soll. Die Aufgabe lautet: Die Haut soll knusprig sein, das Fleisch saftig, vielleicht im Kern sogar noch etwas glasig.

Auf der Haut gebratener Wolfsbarsch

Zutaten je Portion	Zubereitung
600 g Wolfsbarschfilet geschuppt	Den Fisch portionieren, mit Salz und Pfeffer würzen,
Salz	auf der Hautseite mit Bröseln bestreichen.
Pfeffer aus der Mühle	
2 EL Brösel	In einer beschichteten Pfanne mit etwas Öl, mit der Hautseite
Öl zum Braten	nach unten den Fisch knusprig braten.

Benötigte Küchengeräte

1 beschichtete Pfanne

Wie wir zu zittern lernten auf hohem Niveau

Das wichtigste Utensil für dieses Rezept ist neben dem Fisch das Päckchen mit den Semmelbröseln. Auch hier lohnt es sich, entweder selber Brösel anzufertigen, oder aber bei einem vertrauenswürdigen Bäcker (von denen es leider nur mehr allzu wenige gibt) die in Brösel verwandelten Reste erstklassigen Brots zu besorgen.
Die Brösel erfüllen eine doppelte Aufgabe. Erstens schützen sie die Haut des Fisches davor, am Boden der Pfanne hängenzubleiben und zu zerreißen. Zweitens bräunen sie schneller als die Haut und verpassen dem Fisch, sobald er aus der Pfanne gehoben wird, eine appetitliche, goldbraune Farbe.

Wir sahen den Fischfilets also zu, wie sie im heißen (aber nicht siedend heißen) Öl zuerst weiß anliefen und dann zitternd zur Ruhe kamen (was prächtig mit unserem Nervenkostüm korrespondierte). Schließlich hatte uns die Chefin eingeschärft, das Öl keinesfalls zu heiß werden zu lassen und beim ersten Anzeichen aufsteigenden Rauchs die Pfanne sofort vom Feuer zu nehmen.
Ein paar schnelle Bewegungen mit dem Pfannenstil, die Filets rutschten im Öl hin und her: So konnten wir sicher sein, dass die Haut noch nicht hängen geblieben war. Die Filets nahmen an ihren äußeren Rändern jene weiße Farbe an, die von der Garung berichtet, während das große Volumen des zu uns gewandten Fleisches noch glasig grau war. Mit dem Löffel gossen wir immer wieder etwas von dem Öl über den Korpus, so dass er langsam seinerseits weiß wurde. Gleichzeitig nahmen die Brösel auf der Haut bereits Farbe an. Das war der richtige Moment. Wir nahmen den Fisch nach etwa fünfminütiger Bratzeit aus der Pfanne, richteten ihn auf vorgewärmten Tellern an. Es war ein Erfolg. Die Haut knusprig, das Fleisch saftig, was fehlte?
Die Beilage. Frau Willmann empfiehlt Safranrisotto.
Natürlich gilt der Trick mit den Bröseln auch für im Ganzen gebratene Fische!

Den ausgenommenen, geschuppten Fisch abtrocknen.

Vom Kopf beginnend am Rückgrat entlang filetieren.

Die Bauchlappen (Fett und Gräten) vom Filet entfernen.

Gräten zupfen.

Die Fischfilets

beidseitig mit Salz und Pfeffer würzen.

Filets auf der Hautseite in Brösel legen

und in einer beschichteten Pfanne

knusprig goldgelb braten.

Wir wechseln ins Fleischfach. Als ganz einfach zu bereitende, aber geschmacklich einzigartige Alternative zu den großen Stücken widmen wir uns im nächsten Rezept einer im Ganzen gebratenen Entenbrust. Wir untersuchen den Zärtlichkeitsbegriff unserer Köchin und kommen zu dem Ergebnis, dass am Schluss alles wieder am richtigen Druck des Daumens hängt.

Zart rosa gebratene Entenbrust mit Balsamicozwiebel

Zutaten für 4 Personen

4 Stück Entenbrust
1 Zweig frischer Rosmarin
1 EL Butter
Öl zum Braten

⅛ L Balsamicoessig
5 EL Zucker
1 Handvoll Balsamicozwiebeln
(falls Sie diese nicht bekommen
können Sie auch Perlzwiebel
eingelegt verwenden)
1 TL Maizena

Benötigte Küchengeräte

1 große Bratpfanne
1 Messer
1 Bratengabel

Zubereitung

Backrohr auf 180 °C vorheizen.
Die Entenbrüste mit Salz und Pfeffer würzen.
Die Brüste mit der Hautseite nach unten in einer beschichteten, feuerfesten Pfanne mit etwas Öl anbraten.
Danach ins Backrohr stellen.

Dauer: ca. 10 Minuten. Danach umdrehen und ca. weitere 4 Minuten braten. Herausnehmen und rasten lassen.

Für die Balsamicozwiebel die Zwiebeln schälen, in kochendem Wasser weich kochen. Anschließend abseihen.
Den Balsamicoessig mit dem Zucker in einen kleinen Topf geben und auf etwa die Hälfte vom Volumen einkochen. Anschließend die blanchierten Zwiebeln beigeben, aufkochen. Das Stärkemehl in einer Schüssel mit etwas kaltem Wasser vermischen und die Sauce damit bis zur gewünschten Konsistenz binden.

Die Entenbrüste in einer Pfanne mit etwas Butter und frischem Rosmarin nachbraten. Aufschneiden und mit den Balsamicozwiebeln anrichten.

Tipp: Dazu passen besonders gut Rosmarinkartoffeln oder Kartoffelpüree.

Wie wir lernten, zart zu sein

Zärtlichkeit ist in der Küche eine verpönte Eigenschaft, weil sich keine Köchin, kein Koch davon ablenken lassen möchte, was der Inhalt seiner Pfanne gerade unternimmt. Gleichzeitig ist der zärtliche, oder sagen wir: aufmerksame Umgang mit den Lebensmitteln, die man in ein „Gericht" verwandeln will, die Voraussetzung für das Gelingen der Übung.

Doch ganz vom Tisch ist das Thema „Zärtlichkeit" damit noch nicht. Das Zärtliche, das Zarte taucht schließlich immer wieder in den Titeln der Rezepte auf, genauso wie auf den Speisekarten der Lokale, die wir besuchen, wenn wir uns nicht in der eigenen Küche zur Aufmerksamkeit, zur Zärtlichkeit verdonnert haben. „Zart rosa gebraten": bezieht sich das Wort „zart" auf das Rosa und gesteht diesem zu, besonders hell zu sein? Oder nimmt das Wort den Vorgang

Die Zwiebel mit Zucker	und Balsamicoessig	einkochen.

Die Entenbrüste würzen	In einer Schichtpfanne	mit der Hautseite nach unten heiß anbraten.

10 Minuten ins Backrohr stellen, rasten lassen, in Butter und Rosmarin nachbraten.	Gegen die Faser aufschneiden	und anrichten

vorweg – das besonders vorsichtige Garen des Fleisches, die Aufmerksamkeit, die es vor dem Verbrennen, vor dem Austrocknen, vor dem Hart-Werden bewahrt?

Die Chefin meinte, es sei besser, wenn wir jetzt den Ofen auf 180 Grad vorheizten. Wir legten die Entenbrüste auf die Haut und brieten sie an, bis die Haut goldbraun war – dem Fleisch passierte in der Zwischenzeit nichts, da die Ente in ihrem glücklichen Leben ein ausreichend dickes Fettpolster zwischen Haut und Muskelfleisch angespart hatte, das sich nun als Schutz vor der Hitze bewährte.
Anschließend kam die Pfanne – das Fleisch lag nach wie vor auf der Haut – in den Ofen. Das ist ein gefährliches Manöver. Nicht, dass die zehn Minuten Bratzeit zu übersehen waren, dafür stellten wir uns ja die Küchenuhr. Aber der einladende Griff der Pfanne im Ofen: An ihm, der zwischenzeitlich die 180 Grad seiner Umgebung angenommen hat, sollte man nicht ohne Kochhandschuh festhalten.
Wir drehten das Fleisch um und schoben es für weitere vier Minuten in den Ofen. Martina Willmann vergewisserte sich nun in kurzen Abständen per Daumenprobe (siehe Seite 126), wie weit der Garungsprozess schon fortgeschritten sei – noch bevor der Küchenwecker geläutet hatte, also bevor die vier Minuten vergangen waren, holte sie die Pfanne aus dem Ofen, um das Fleisch rasten zu lassen.

Als wir darauf keine Anstände machten, das Fleisch auch sofort aus der Pfanne zu nehmen, lernten wir Folgendes:

RASTEN
Fleisch muss zum Rasten aus der Pfanne genommen werden, sonst zieht es in deren Hitze nach und wird nicht rosa, sondern hellbraun.

Das Fleisch rastete also auf einem Teller. Dieses Rasten ist deshalb so wichtig, weil die in der Hitze des Ofens in Aufruhr geratenen Körpersäfte des Fleisches sich wieder setzen müssen. Nur, wenn das Fleisch gerastet hat, wird es das zarte Rosa zeigen, von dem wir am Anfang gesprochen haben. Als wir nun wieder etwas Butter in der Pfanne aufschäumten, sie mit frisch gehacktem Rosmarin aromatisierten und die Entenbrust nach zehnminütiger Rastzeit hineingleiten ließen, hatten wir die Lektion gelernt: Dieser Abschluss des A la Minute-Kochens dient dazu, das zart gebratene Fleisch wieder auf Betriebstemperatur zu bringen und mit einem Hauch Aroma zu veredeln. Selbstverständlich auf vorgewärmten Tellern anrichten.
Dazu Kohlgemüse (Seite 139) – und die herrlichen Balsamicozwiebeln, deren Sauce zuzubereiten ein enormes Vergnügen war: Essig und Zucker verbündeten sich auf freundschaftlichste Weise zu jener wunderbaren, dunklen Sauce, von der ein paar Spritzer auf dem Teller landeten – und einige Teelöffel voll in den Mündern der Herrschaften, die ihrem Entstehen beiwohnten.

Wir wechseln zum Lieblingsfleisch vieler Köchinnen und Köche: dem wegen seiner Zartheit und dem feinen Eigengeschmack beliebten Lamm. Hier versuchen wir uns zuerst an der Zubereitung des perfekten Karrees.

Gebratenes Lammkarree

Zutaten für 4 Personen

800 g Lammkarree
1 Zweig frischer Rosmarin
2 EL Dijonsenf
Öl zum Braten
Salz
Pfeffer aus der Mühle

Benötigte Küchengeräte

1 feuerfeste Bratpfanne
Messer
Löffel
Flotte Lotte

Zubereitung

Die Lammkarrees mit Salz und Pfeffer würzen, dünn mit Dijonsenf bestreichen.

In einer unbeschichteten Pfanne etwas Öl erhitzen, das Lamm beidseitig langsam anbraten. Anschließend ins Backrohr (200 °C) stellen.
Dauer: ca. 10 Minuten

Herausnehmen, das Fleisch auf einen Teller legen und rasten lassen.
Das Öl aus der Pfanne abgießen, einige Butterflocken in die Pfanne geben, etwas frischen Rosmarin beigeben, kurz aufschäumen und mit Wasser ablöschen.
Verkochen lassen, damit sich der Bratenrückstand von der Pfanne löst. Abschmecken. Anschließend abseihen.
Evt. mit etwas Stärkemehl binden.

Die Lammkarrees in einer weiteren Pfanne mit etwas Butter und frischem Rosmarin nachbraten, aufschneiden.

Tipp: Sie können die Lammkarrees auch zu Koteletts schneiden und diese genauso zubereiten wie das Karree.
Achtung: Die Bratdauer verkürzt sich bei den dünnen Koteletts.

Auf den Spuren der Systematik

Nachdem wir uns dem Thema des „A la Minute"-Kochens systematisch angenähert hatten (s.o.), war die Vorgehensweise bei der Zubereitung der Lammkarrees keine Überraschung mehr. Wir hatten uns für Karrees am Knochen entschieden, weil diese am Schluss saftiger werden als ausgelöste Lammrücken. Wir salzten und pfefferten das Fleisch, strichen es mit Senf ein und brieten es im Ganzen im moderat heißen Öl an: so lange, bis das Stück rundherum gut gebräunt war. Nach ca. 5 Minuten im Backrohr umdrehen und fertig braten. Vorsicht bei der Farbgebung: Bräunen wir das Fleisch bereits im ersten Schritt zu stark, kann es zu dunkel werden.

Nur an den Stirnseiten war noch zu sehen, wie blutig das Stück im Inneren noch sein musste.
Jetzt kam das Stück für zehn Minuten in den Backofen. Es lohnt sich, in den letzten Minuten immer wieder die Daumenprobe (Seite 126) vorzunehmen. Jedes Karree unterscheidet sich vom anderen durch kleine Spezifika, so dass die Garzeit nicht auf die Sekunde genau prophezeit werden kann –

„auf wenige Minuten genau freilich schon", beruhigte uns die Chefin. Als die Druckprobe die gewünschte Konsistenz ergab, nahmen wir das Fleisch aus dem Ofen, legten es zum Rasten auf einen Teller (Seite 183) und gossen das Öl aus der Pfanne. Es handelte sich um eine unbeschichtete Pfanne, in der das Fleisch beim Anbraten kräftige Spuren hinterlassen hatte: Bratensatz. Diesen verwendeten wir nun, um den köstlichen „Natursaft" herzustellen. In die Pfanne kamen etwas Butter und Rosmarin, dann stellten wir sie zurück aufs Feuer. Die Butter schäumte auf, wir gaben etwas Wasser dazu und rieben mit dem Kochlöffel den Bratensatz ab. Ein Blick zu den rastenden Karrees: Der ausgetretene Fleischsaft kam vom Teller in die Pfanne. Nun musste nur noch ein wenig nachgesalzt werden, ein, zwei Drehungen aus der Pfeffermühle, und wir schickten den Saft durch ein engmaschiges Sieb, damit die unerwünschten Bratenrückstände dort hängen blieben.

In einer zweiten Pfanne jetzt der Abschluss des Rituals. Die Karrees wurden in einer Pfanne mit aufgeschäumter Butter und grob gehacktem Rosmarin angewärmt, anschließend geschnitten und auf vorgewärmten Tellern serviert. Dazu: Safranrisotto (Seite 143)

Die Lammkarrees

würzen und mit Dijonsenf bestreichen.

Mit der Hautseite zuerst,

in einer Pfanne anbraten.

Im Backrohr, oder wie im Bild, unter einem Salamander (Grill), 10 Minuten braten.

Die Definition: zart rosa.

Das nächste Rezept firmiert zumindest beim Einkauf unter „aufwändig". Es beschreibt die ideale Verwendung für eine der teuersten Fleischsorten, die wir bekommen können, das Kalbsrückenfilet. Genau: „zart rosa gebraten".

Zart rosa gebratenes Kalbsrückenfilet mit Honigpilzen

Zutaten für 4 Personen

600 g Kalbsrückenfilet zugeputzt
3 EL Butter
1 Zweig frischer Rosmarin

2 EL Butter
500 g Honigpilze
1 Knoblauchzehe
Salz, Pfeffer aus der Mühle

Benötigte Küchengeräte

2 Bratpfannen
1 Messer

Zubereitung

Den Kalbsrücken portionieren, mit Salz und Pfeffer würzen.
In einer Pfanne mit etwas Butter und dem Rosmarin
zart rosa braten.
Das Fleisch herausnehmen, rasten lassen.

In der Zwischenzeit den Bratenrückstand mit etwas Weißwein
ablöschen und mit einigen Butterflocken binden.

Die Pilze putzen und mit einer Knoblauchzehe und etwas
Rosmarin in Butter braten.
Mit Salz würzen.

Auf vorgewärmten Tellern anrichten.

Auf den Spuren des Festessens

Für Kalbfleisch gilt etwas Ähnliches wie für Thunfisch: Großer Bedarf hat die Sitten der Züchter ruiniert. Kalbfleisch sollte ausschließlich aus Bioproduktion stammen, für die Ihr Metzger die Hand ins Feuer legt. Dann jedoch ist das Vergnügen groß.

Der erste Schritt dieses Gerichts bestand im Portionieren der Stücke. Sie sollten nicht zu dünn sein, und sie wurden mit dem Plattiereisen auf eine einheitliche Höhe geklopft. Vorteil: „Ich muss beim Braten mit den Fingern nicht Tempelhüpfen", sagte die Chefin und meinte die Daumenprobe (Seite 126), die sie stets mit den Fingern macht, bevor das Fleisch aus der Pfanne darf.

Die Pfanne ist unbeschichtet, das Fleisch, das deutlich weniger Hitze braucht als zum Beispiel Lammfleisch, wurde vorsichtig in Butter gebraten, bis es eine goldbraune Farbe angenommen hatte und auf die Druckprobe angemessen reagierte: Es fühlte sich auf Druck an wie die etwas angespannten Muskeln des eigenen Daumenballens.

Wir hoben die Kalbsrückenstücke auf einen Teller, um sie rasten zu lassen. Gleichzeitig gossen wir etwas Weißwein in die Pfanne, kratzten den Bratenrückstand vom Pfannenboden und rührten ein paar Butterflocken in die Sauce, um sie zu binden.

Ich wollte wissen, ob diese Butter – wie in vielen Kochbüchern beschrieben – eiskalt sein muss. Martina Willmann schüttelte nur den Kopf. Willmann ist beim sogenannten „Montieren" von Saucen, das heißt bei der Herstellung ihrer angestrebten, sämigen Konsistenz, alles andere als dogmatisch. Entweder reicht ein Löffel Butter, warm oder kalt, um die Sauce zu binden – wie im Fall der Sauce dieses Gerichts – oder sie rührt etwas Maisstärke in ein Glas Wasser, gibt ein, zwei Löffel dieser Flüssigkeit zur Sauce, bis diese sämig genug ist. Wir servierten den Kalbsrücken und die Pilze auf vorgewärmten Tellern.

Dazu: Hausgemachte Bandnudeln (Seite 157)

Kalbfleisch portionieren.

Pilze putzen.

Fleisch mit Salz und Pfeffer würzen.

Rosmarin in Butter anschwitzen.

Kalbsrücken dazugeben.

Zart rosa braten.

Honigpilze mit der Knoblauchzehe
in Butter braten.

Fleisch in der Sauce kurz erwärmen.

Mit den Pilzen anrichten.

Ganz einfach Klassiker

Dieses Kapitel zielt auf die makellose Produktion beliebter Speisen der österreichischen Küche. Zum ganz einfachen Kochen gehört nämlich nach Ansicht von Martina Willmann die Fähigkeit, mindestens eine Handvoll Klassiker aus dem Ärmel schütteln zu können. Daran wollen wir jetzt arbeiten. Erste Station: eine wunderbare Grießnockerlsuppe.

Grießnockerl

Zutaten für 4 Personen

1 Ei
50 g zimmerwarme Butter
100 g Grieß
Salz

Benötigte Küchengeräte

1 Schüssel
1 Suppenlöffel
1 Kochtopf
1 Schneebesen
1 Gitterschöpfer

Zubereitung

Die Butter in eine Schüssel geben und schaumig rühren. Anschließend das Ei beigeben und glatt rühren. Den Grieß einlaufen lassen, mit Salz würzen und gut verrühren. Danach 30 Minuten im Kühlschrank rasten lassen.

In einem geräumigen Topf reichlich Wasser zum Kochen bringen, salzen, mit zwei Suppenlöffeln Nockerl aus der Masse formen und diese in das heiße, aber nicht wallend kochende Wasser legen.

Auf kleiner Flamme 10 Minuten köcheln lassen, danach beiseite stellen und 10 Minuten ziehen lassen.

Sollten Sie die Nockerl nicht gleich servieren wollen, nach den 10 Minuten ziehen aus dem Wasser nehmen, mit Klarsichtfolie abdecken und abkühlen lassen.

Das Samtige und das Seidige

Wir waren gewarnt. In Wiener Wirtshäusern können Grießnockerlsuppen herrliche Ouvertüren zu ausgiebigen Mahlzeiten sein, aber auch Angst und Schrecken verbreiten. Das hat einzig und allein mit ihrer Konsistenz zu tun, zumal es sich nicht an den Rohmaterialien entscheidet, ob die Nockerl gelingen oder abstürzen.

Das gelungene Grießnockerl ist flaumig und locker. Es ist so fest, dass es gerade noch seine Form behält und so flaumig, dass ein leichter Druck des Löffels genügt, um es zu teilen. Das misslungene Grießnockerl ist zäh und schwer. Es liegt zuerst am Boden der Suppe und dann im Magen.
Was macht den Unterschied aus?

Die Chefin wies uns vor allem auf zwei Punkte hin.
Erstens das Tempo, mit dem der Gries in die Butter-Ei-Mischung rieselt und die Qualität des Verrührens: links-rechts-links-rechts mit dem Schneebesen.

Zweitens die Zeit, die der Teig und die gestochenen Nockerl rasten dürfen. Die Abkühlung im Kühlschrank ist notwendig und sollte nicht zu schnell beendet werden. Es war also eine Nervenprobe, die mit dem Esslöffel gestochenen Nockerl dabei zu beobachten, wie sie ins heiße Wasser glitten. Aber sie lösten sich nicht in ihre Bestandteile auf, und sie fielen auch nicht wie Kieselsteine auf den Boden des Kochtopfs. Sie tänzelten im Wasser, das unsichtbar vor sich hin köchelte. Und sie machten uns Freude.

Zehn Minuten später in einem Teller mit heißer, klarer Hühnersuppe (Seite 85).

Zimmerwarme Butter schaumig rühren.

Ei beigeben.

Grieß einlaufen lassen.

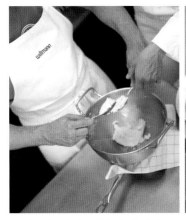

Aus dem fertigen Teig die Nockerl

mit Hilfe von zwei Löffeln formen.

Auf kleiner Flamme köcheln.

Im Gegensatz zu der klaren Suppe liebt man klassischerweise auch die gebundene Suppe. Hier ein prototypisches Exemplar mit frischen Erbsen.

Gebundene Erbsensuppe mit Nockerl

Zutaten je Portion

1 L Hühnersuppe
⅛ L Obers
4 EL Butter
4 EL Mehl
1 EL frisch gehackte Petersilie
4 Händevoll frischer Erbsen
(in der Schale)
1 kleine Zwiebel

50 g Butter
90 g Mehl
2 Eier
Salz

Benötigte Küchengeräte

2 Schüsseln
1 Suppenlöffel
2 Töpfe
1 Schneebesen

Zubereitung

Für die Butternockerl die zimmerwarme Butter schaumig rühren. Eidotter nach und nach beigeben.
Eiklar mit etwas Salz zu Schnee schlagen.
Anschließend mit dem Mehl unter den Butterabtrieb rühren.

In einem geräumigen Topf Wasser aufkochen, salzen.
Mit einem Löffel Nockerl ausstechen und einkochen.

Bei kleiner Flamme 10 Minuten ziehen lassen. Anschließend abdrehen, etwas kaltes Wasser oder Eiswürfel beigeben und weitere 10 Minuten ziehen lassen. Das Wasser soll nicht kalt sein! Danach herausnehmen.

Erbsen auslösen und in kochendem Salzwasser bissfest kochen, anschließend abseihen und kalt abschwemmen.

Für die Suppe Zwiebel schälen, klein schneiden.
In einem Topf etwas Butter aufschäumen, Zwiebel darin farblos anschwitzen. Mehl beigeben, kurz durchrösten.
Mit der Hühnersuppe aufgießen, glatt rühren, aufkochen, bei kleiner Flamme ca. 5 Minuten köcheln lassen, damit der Mehlgeschmack sich verflüchtigt.
Obers und Erbsen beigeben und abschmecken.

Kurz vor dem Servieren die Butternockerl in der Suppe erwärmen und mit etwas frischer Petersilie in vorgewärmten Suppentellern servieren.

Tipp: Sollten Sie die Suppe nicht gleich servieren, geben Sie die Erbsen erst kurz vor dem Essen hinein, sonst verlieren sie die schöne, grüne Farbe.

Das Lehrstück vom unsichtbaren Aufwand

Wir hatten für diesen Teller Suppe drei Arbeitsgänge zu erledigen. Der erste war der heikelste. Es ging um die Einlage der Suppe, die Butternockerl. War die Kombination von Butter und Eidotter noch einfach herzustellen, brauchte es wieder die zupackende Energie einer dynamisch geführten Teigkarte, um das Mehl mit der Butter-Ei-Masse zu verrühren und anschließend den mit etwas Salz geschlagenen Eischnee einzuarbeiten: Martina Willmann zeigte uns mit pantomimischem Ehrgeiz die kräftigen, raumgreifenden Bewegungen vor, durch die sich die Bestandteile zu einem Teig verbanden, der so locker wie möglich sein muss und so fest wie nötig. Interessant jedoch der nächste Verwandlungsschritt: Wenn das Garen der Nockerl im heißen Wasser noch konventionell erfolgt und nichts Überraschendes in sich birgt, so ist das Verfestigen der Nockerl durch die abrupte Abkühlung des Wassers eine kleine, magische Fußnote, die man sich merken sollte.

Frau Willmann sprach jedenfalls, während wir die rundum gelungenen Nockerl nach vollzogener Garung aus dem Wasser fischten, von der appetitlichen Kombination dieser Beilage mit Spinat und Trüffeln oder einem Schwammerlgulasch.

Wir aber beharrten, obwohl Willmanns Vorschläge einiges für sich hatten, auf unserem Thema und widmeten uns der Erbsensuppe. Beim Kochen der Erbsen drückte uns die Chefin einmal mehr den Kostlöffel in die Hand: das einzige Instrument, um den heiklen Garpunkt der frischen Erbsen todsicher festzustellen.

Zum Abschluss des Erbsenkochens kam an dieser Stelle, wie immer beim Blanchieren von Gemüse, wieder Eis ins Spiel.

FARBE

Frisch gekochtes Gemüse immer in Eiswasser abschrecken, damit es seine schöne, kräftige Farbe behält.

Zimmerwarme Butter schaumig rühren.
Eidotter nach und nach beigeben.

Aus dem fertigen Teig Nockerl stechen.

In Salzwasser kochen.

10 Minuten ziehen lassen,
dann herausnehemen.

Erbsen auslösen.

Kochen und danach im Eiswasser
abschrecken.

Die Herstellung der Suppe schließlich begann mit einem Lehrsatz der Chefin: „Immer eine Kugel mit Beurre meunière zur Hand haben!" Das ist praktisch gedacht und beschreibt die Küchenphilosophie von Frau Willmann sehr gut. Sie ist gern für alle Eventualitäten gerüstet, in diesem Fall mit einer voluminösen Kugel. Beurre meunière ist eine Mischung aus Butter und Mehl. Sie dient dazu, die Konsistenz von Suppen, aber auch von Saucen zu verändern, im Klartext: dem zu dünnem Geschlabber Halt zu geben.

Für unsere Erbsensuppe behielten wir die hübsch zu einem Kügelchen montierte Beurre jedoch bloß auf der Ersatzbank. Schließlich waren die Bestandteile Butter und Mehl bereits mit etwas Zwiebel im Suppentopf geröstet worden, bevor die fertige Hühnersuppe (Seite 85) zugegossen wurde und ihre klare Konsistenz augenblicklich veränderte.

Erstes Kosten: Die Suppe schmeckte nach Mehl.

„Lasst euch Zeit", sagte Martina Willmann, „nach fünf Minuten hat sich der Geschmack verabschiedet."

So war's. Nachdem noch etwas Obers in die Suppe gerührt worden war, waren die übrigen Bestandteile an der Reihe.

Voller Geschmack.

Hauptmahlzeitsverdacht.

Butter aufschäumen, Zwiebel anschwitzen, mit Mehl anrösten.

Suppe zugeben, aufkochen.

Erbsen zugeben.

Glattrühren.

Abschmecken.

Mit frischer Petersilie anrichten.

Manche Speisen genießen trotz ihrer uneingeschränkten Beliebtheit den Ruf, dass man sie lieber nicht im Gasthaus genießen sollte. Faschierte Laibchen zum Beispiel. Ein guter Grund, der Fabrikation einer Lieblingsspeise von uns allen auf den Grund zu gehen.

Faschierte Laibchen

Zutaten für 4 Personen

600 g gemischtes Faschiertes
2 Semmeln vom Vortag
⅛ L Milch
1 kleine Zwiebel, 2 Knoblauchzehen
Salz, Pfeffer, Majoran
1 EL Butter
1 EL frisch gehackte Petersilie
1 EL Dijonsenf
1 EL Brösel

Etwas Öl zum Braten

Benötigte Küchengeräte

1 beschichtete Pfanne
1 Schüssel
1 Messer
1 Schneidbrett

Zubereitung

Die Semmeln in kleine Würfel schneiden, in eine Schüssel geben, mit der Milch übergießen und einweichen. Anschließend gut ausdrücken und mit dem Faschiertem vermischen.

Zwiebel und Knoblauch schälen, klein scheiden. In einer Pfanne etwas Butter aufschäumen, die Zwiebeln darin anrösten, sie dürfen etwas Farbe bekommen. Knoblauch pressen oder klein scheiden und beigeben. Durchrösten und etwas Majoran dazugeben.

Anschließend zum Faschierten geben und gut durchmischen. Mit Salz, Senf, Petersilie und Pfeffer abschmecken.

Kleine Laibchen formen, diese mit Bröseln bestreuen und in einer beschichteten Pfanne mit etwas Öl herausbraten.

Tipp: Dazu passt besonders gut Kartoffelpüree, Blattsalat oder Kartoffelsalat.

Und schon wieder: Die Brösel

Eines ist klar: Faschiertes muss immer vor unseren Augen entstehen. Abgepacktes Hackfleisch aus dem Supermarkt ist die Quelle so vieler Lebensmittelskandale, dass wir uns ausnahmslos auf frisches Faschiertes einlassen, das am selben Tag vor unserem Angesicht vom Metzger durch den Fleischwolf geschickt wurde.

Noch besser ist vielleicht nur die Anschaffung eines Fleischwolfs. Dieses, zu den Zeiten unserer Großeltern in jedem Haushalt anzutreffende Instrument garantiert, dass unser Faschiertes genau dem entspricht, was wir uns darunter vorstellen: in diesem Fall je zur Hälfte von Schwein und Rind. Dieses Faschierte reicherten wir mit den vorgeschriebenen Zutaten an, schmeckten es kräftig ab und kosteten auch gern, weil wir ja wussten, wie frisch und erstklassig das Fleisch war.

Das Problem trat auf, als wir das erste Laibchen geformt hatten und es als Testlauf in einer beschichteten Pfanne anbrieten: Es zerfiel umstandslos. Lange Gesichter unsererseits. Tröstlich daher das strahlende, helfende Lächeln der Küchenchefin: „Nehmt ein paar Brösel, rührt sie ein. Dann sind die Laibchen perfekt."
Das taten wir.
Dann waren die Laibchen perfekt.

Aufgeweichte Semmeln zum Faschierten geben.

Zwiebel, Knoblauch und Majoran,

Petersilie, Salz und Pfeffer zufügen.

Etwas Dijosenf beigeben

und die Masse vermischen.

Aus der Masse

möglichst gleichgroße Laibchen formen.

Mit etwas Öl anbraten.

Dekorativ anrichten.

Wir vertiefen unsere Kenntnis der österreichischen Küche, die aus den Tiefen der Habsburger-monarchie gespeist und inspiriert wurde, wie dieses Gericht. Der klassische Zwiebelrostbraten ist ein zu Recht beliebtes Gericht. In diesem Rezept wird klar, wo sein ganz einfaches Geheimnis verborgen liegt: in der Spezialbehandlung der Zwiebeln.

Zwiebelrostbraten

Zutaten für 4 Personen

4 Stück Rostbraten à 180 g
1 EL Dijonsenf
Salz
Pfeffer aus der Mühle
Öl zum Anbraten
1 Lorbeerblatt
1 Schuss Weißwein

1 Knoblauchzehe
3 Zwiebel
Majoran getrocknet
Stärkemehl zum Binden

Backzwiebel:
2 Zwiebel
1 EL Mehl
250 g Öl zum Backen

Benötigte Küchengeräte

1 Hobel
1 Topf
1 feuerfeste Pfanne
1 Gitterschöpfer
1 Messer
1 Schneidbrett

Zubereitung

Zwiebel und Knoblauch schälen, fein schneiden.
Das Fleisch klopfen, mit Salz, Pfeffer würzen,
mit Dijonsenf einstreichen.
In einer Pfanne das Fleisch scharf anbraten, herausnehmen,
den Zwiebel darin goldgelb rösten, zerdrückten Knoblauch und
etwas Majoran beigeben, durchrösten, anschließend mit etwas
Weißwein ablösen, Lorbeerblatt beigeben, das Fleisch wieder
beigeben, mit etwas Wasser aufgießen und ins Backrohr geben.

Immer wieder mit dem eigenen Saft übergießen bzw. das
Fleisch umdrehen.
Dauer: ca. 1 Stunde. Bevor das Fleisch zu trocken wird,
mit einem Deckel zudecken oder Alufolie darüber legen.

Für die Backzwiebeln die geschälten Zwiebeln mit dem Hobel in
gleichmäßig dünne Scheiben schneiden.
Mit Mehl etwas bestauben und in einer Pfanne mit heißem Öl
goldgelb und knusprig backen. Danach mit einem Gitterschöpfer
herausnehmen und auf einem Küchenkrepp abtropfen lassen.

Wenn das Fleisch weich ist, herausnehmen. Das Fleisch auf
einen Teller geben, die Sauce abschmecken. Etwas Stärkemehl
mit kaltem Wasser glattrühren, langsam in die Sauce leeren, bis
sie die gewünschte Konsistenz erreicht hat.

Auf vorgewärmten Tellern anrichten.

Der Dialog
von zwei Zwiebeln

Aufregend an der Produktion des Zwiebel-rostbratens war nicht das Braten des Fleisches, das fiel uns leicht.
Der Rostbraten – den wir unter dem Schutz einer Küchenfolie flach geklopft hatten, um zu vermeiden, dass er aus Verletzungen seiner Oberfläche Saft verliert – ließ sich zischend im heißen Öl anbraten, verströmte den kräftigen Duft des Senfes, mit dem er großzügig eingerieben worden war, und wurde im Ofen widerstandslos mit der einen Hälfte der Zwiebeln weich.
Bestimmt auch deshalb, weil wir der Anord-nung, die Fleischstücke regelmäßig zu über-gießen, nachgekommen waren. Das verhin-dert, dass einzelne Stellen an der Oberfläche hart werden.

Fleisch klopfen.

Salzen, pfeffern und

mit Dijonsenf bestreichen.

In einer Pfanne

anbraten.

Zwiebel und Knoblauch rösten.

Zusammen mit dem Fleisch

im Backrohr garen.

Häufig mit dem eigenen Saft übergießen.

Die andere Hälfte der Zwiebeln, die „Backzwiebeln", wie sie Martina Willmann nennt, sorgte jedoch für Aufruhr. Wir hatten diese Zwiebeln mit der Schneidemaschine geschnitten, weil sie unbedingt von gleicher Stärke sein müssen – „es geht auch mit dem Gurkenhobel", beruhigte die Chefin alle, die keine Profiküchenschneidemaschine zu Hause stehen haben. An dieser Stelle sei der schüchterne Einwand erlaubt, dass eine Küchenschneidemaschine zwar von allen entsprechenden Maschinen wahrscheinlich den meisten Platz braucht, aber für eine Vielzahl von Gerichten, an die man sich beim Essen im Restaurant gern gewöhnt hat, einzige Voraussetzung ist. Denken wir nur an das Thema Carpaccio. Wie oft fällt uns ein Rindsfilet, das wir nicht zur Gänze kurz braten wollen, in die Hand und wie oft sind wir daran gescheitert, es mit dem schärfsten, japanischen Messer in so etwas ähnliches wie hauchdünne Scheiben zu zerlegen? Wie gern hätte man den aus Südtirol mitgebrachten Speck nahezu durchsichtig auf dem Teller gehabt und nicht in den patscherten Keilen, die auf der Berghütte serviert werden? Was tun mit der Stange Salami aus Modena?

Die Diskussion, ob es sich für einen Privathaushalt lohne, eine Schneidemaschine anzuschaffen, nahm erstaunlich schnell Fahrt auf. Binnen kürzester Zeit bildeten sich zwei Fraktionen, die angeregt bis aufgeregt darüber stritten, was mehr Sinn mache: eine Schneide- oder eine Espressomaschine. Ich verhehle nicht, dass ich Espressomaschinen in Privatwohnungen für entbehrlich halte, weil sie sowieso keinen wirklich guten Kaffee zusammenbringen (was mir augenblicklich den Vorwurf einbrachte, ein Snob zu sein). Gerade deshalb schnitt ich die Zwiebeln mit dem Gefühl moralischer Überlegenheit in die benötigten Scheiben.

Nun wurden sie im Mehl „gestaubt" und in heißem Öl herausgebacken, und wer erlebt hat, wie knusprig und lecker diese Zwiebelringe die Pfanne verließen, wundert sich natürlich nicht mehr, dass etwa die Hälfte der gebackenen Zwiebeln auf geheimnisvolle Weise verschwunden war, bevor noch der Braten damit dekoriert werden konnte. Es schadet also nichts, ein, zwei Zwiebeln mehr zu backen. Die dürfen sich die Köche als „Gruß aus der Küche" gönnen. Zum Zwiebelrostbraten Rosmarinkartoffeln.

Zwiebel dünn schneiden.

Mit Mehl stauben, in einer Pfanne

goldgelb backen und mit dem Rostbraten servieren.

Wenn wir klassischen Rezepten folgen, dürfen die berühmtesten Speisen der österreichischen Küche nicht fehlen: die süßen. Wir backen Nussstrudel.

Nussstrudel

Zutaten für 4 Personen

200 g Milch
90 g Kristallzucker
600 g Weizenmehl
80 g Butter
1 TL Zitronensaft
10 g Vanillezucker
1 Würfel Hefe (42 g)
2 Eier
6 Eidotter
15 ml Rum
1 Prise Salz

Nussfülle:
300 g geriebene Walnüsse
ca. 6 EL Honig
Zimt gemahlen
3 EL Schlagobers
1 EL Vanillezucker
Schale einer unbehandelten Zitrone

2 EL Butter zum Bestreichen

Benötigte Küchengeräte

1 große Schüssel
1 Kochlöffel
1 Rollholz
1 Küchenwaage

Zubereitung

Die Hefe mit lauwarmer Milch verrühren, 200 g Mehl einrühren und an einem warmen Ort rasten lassen.

Eier, Eidotter, Kristallzucker, Vanillezucker, Zitronensaft, Rum und Salz schaumig schlagen.
Die Butter schmelzen und unter die Eiermasse rühren.

Die Hefemischung mit dem übrigen Mehl und der Eiermischung in einer Schüssel zu einem glatten Teig verarbeiten und nochmals 30 Minuten rasten lassen.

Für die Fülle alle Zutaten vermischen und abschmecken.

Danach den Teig ausrollen, zwei Drittel mit der Nussfülle bestreichen und einrollen.

Auf ein mit Backpapier ausgelegtes Backblech setzen und mit flüssiger Butter bestreichen. Nochmals aufgehen lassen und bei 170 °C ca. 30 Minuten backen.

Tipp: Dieser Teig kann auch mit einer Mohnfülle gefüllt werden. Weiters würden Rumrosinen auch gut in die Fülle passen.

Das Wunder der steten Verdopplung

Wir näherten uns also einem der großen Mirakel der Mehlspeisküche: dem Umgang mit Hefe, der Germ. Kochen mit Hefe hat etwas Einschüchterndes. Jedes Rezept liefert die Vorsicht mit, mit welcher der Umgang mit Hefe zu erfolgen hat. Warm stellen, keine Zugluft, Achtung Absturzgefahr.
Wir ließen den Teig also rasten, er gehorchte der Küchenchefin und verdoppelte sich vorschriftsgemäß. Wir vermischten Eier, Butter, Zucker und Aromate.
Was nun kam, stand nicht im Rezept. „Zu einem glatten Teig verarbeiten": Das bedeutete harte, körperliche Arbeit. „Ihr dürft den Teig nicht rühren", sagte Martina Willmann, „ihr müsst ihn schlagen!"
Das muss man sich so vorstellen: die Teigschüssel schief halten, die noch unbehauenen

Teigbestandteile von außen nach innen mit dem Kochlöffel schlagen, nicht rühren.
Wir schlugen und rührten nicht. Es floss Schweiß.
Aber genauso, wie der Hefeteig uns entzückt hatte, indem er aufging, fruchtete nun unser Fitnesstraining mit dem Kochlöffel.
Plötzlich war der Teig glatt, elastisch und wohlriechend. Wir konnten ihn abermals zur Seite stellen, so dass die Hefe in der nächsten halben Stunde ihre Arbeit fortsetzen konnte und den Teig noch einmal verdoppelte.

Wir sahen dem Prozess mit Freude und ein bisschen Respekt zu.
Die Fülle war schnell bereitet. Doch die Küchenchefin mahnte zur Geduld.
„Ein Hefeteig", sagte sie, „ist nur so gut wie die Zeit, die wir ihm lassen."

Und sie warnte uns, als wir den Strudel eine Stunde später aus dem Ofen hoben, ihn allzu früh anzuschneiden: Die Hefe würde unsere Gier verpetzen, indem die Schnittstelle sich sichtbar aufplustere.

Die Hefe mit

lauwarmer Milch verrühren, Mehl dazu und rasten lassen.

Eier,

Zucker,

Zitronenschale und Saft

mit den restlichen Zutaten vermengen.

Hefemischung, Mehl, Eiermischung zu einem Teig verabeiten, rasten lassen.

Für die Fülle alle Zutaten vermischen.

Teig ausrollen.

Die Fülle auf den Teig

geben und ausstreichen.

Den Teig mit der Fülle

zu einem Strudel einrollen.

Mit flüssiger Butter bestreichen und auf Backpapier im Ofen backen.

Mit Zucker bestreuen und servieren.

Ist es ein Klischee, oder ist das Backen von Salzburger Nockerl tatsächlich eine ernsthafte Herausforderung? Sind nicht Legionen von Köchinnen und Köchen mit Wangen, die rot von Küchenhitze und Stolz waren, vor ihre Gäste hingetreten und haben das Wunder vorgeführt – die österreichischste aller Süßspeisen? Vorweggenommen: Dieses Rezept demontiert eine Legende – dass Salzburger Nockerl ein kompliziertes Dessert sind.

Salzburger Nockerl

Zutaten für 2 Personen

120 g Eiklar (ca. 4 Eiklar)
Bitte abwiegen!!
50 g Kristallzucker
40 g Eidotter (ca. 2 Eidotter)
abwiegen
30 g Mehl
1 TL Vanillezucker
Schale einer ½ unbehandelten
Zitrone

50 g Milch, 50 g Obers
1 TL Butter

Benötigte Küchengeräte

1 Küchenwaage
1 Topf
Rührmaschine oder Mixer
1 Teigkarte
feuerfestes Geschirr

Zubereitung

Backrohr auf 220 °C vorheizen.

Eiklar und Kristallzucker zu steifem Schnee schlagen.
Eidotter, Aromen und Mehl unterheben.

Obers, Butter und Milch aufkochen und in die feuerfeste Form geben.

Mit Hilfe einer Teigkarte große Nockerl formen und diese in die heiße Milchmischung setzen. Backen.
Dauer: ca. 8 Minuten

Die Nockerl nicht ganz durchbacken.
Sie sollen in der Mitte noch cremig sein.
Rasch servieren.

Tipp: Sie können auch etwas Preiselbeeren in die Milchmasse geben und erst dann die Nockerl darauf setzen.

Die Unbestechlichkeit der Küchenwaage

Die einzige Herausforderung bei der Herstellung des Teigs für meine ersten Salzburger Nockerl bestand darin, zehn Gramm von zwei Eigelb zu substrahieren. Wir hatten große, frische Bio-Eier aufgeschlagen, Dotter vom Eiklar getrennt, und erst im Angesicht der Küchenwaage wurde mir klar, dass die beiden voluminösen Dotter schwerer waren, als in meinem Rezept mit zwei Rufzeichen vermerkt stand.

Also bastelte ich mit einem Teelöffel im Eigelb-Schüsselchen herum, bis ich exakt zehn Gramm daraus entfernt hatte.
Wohin tut man zehn Gramm Eigelb? Danke, dass Sie das fragen. Ich hab sie aufgegessen.

Nun war der Weg frei zu einem kleinen Triumph. Der Teig war schnell bereitet, und wie es funktioniert, Schnee vom Eiklar unterzuheben, hatte uns die Küchenchefin oft genug erklärt: möglichst schnell! Nicht rühren, sondern mit sicherer Bewegung einarbeiten. Ich fühlte mich reif für einen

Volkshochschulkurs im „Unterheben von Eischnee".

Dann Tempo.

Das „Formen großer Nockerl" bedeutet, dass der Teig in Wogen in die von heißem Milch-Obers-Gemisch bedeckte Form gesetzt wird, eine ozeanische Anmutung.

Dann dauerte es acht Minuten, bis ich die schön braun gebrannten Salzburger Nockerl aus dem Ofen hob und fassungslos zusah, wie meine Kollegen sie verspeisten, ohne mir einen einzigen Löffel übrig zu lassen.

Man sagt, sie hätten gut geschmeckt.

Eier trennen.

Eiklar und Kristallzucker zu steifem Schnee schlagen.

Eidotter, Aromen und Mehl unterheben.

Obers, Butter und Milch aufkochen und in die feuerfeste Form geben.

Mit der Teigkarte formen.

Ca. 8 Minuten backen.

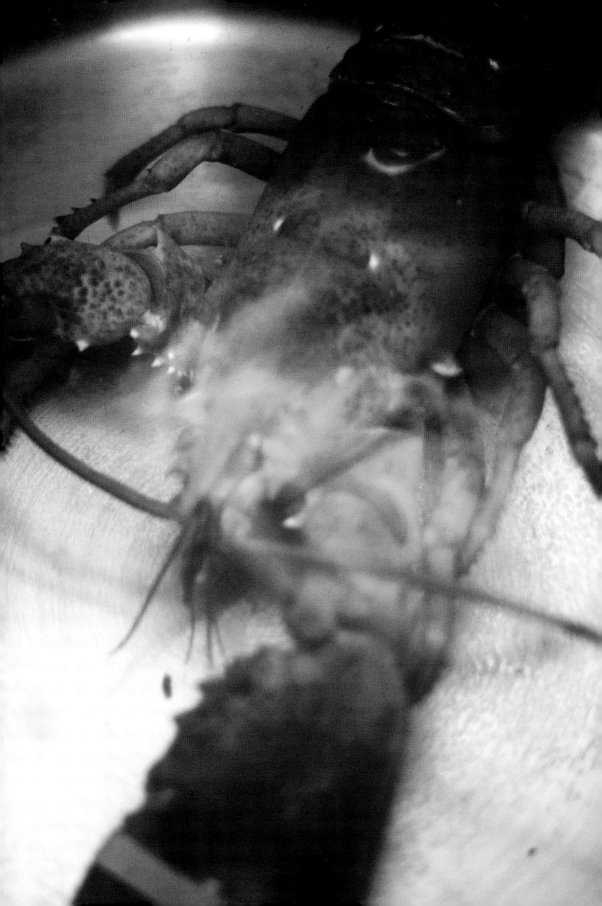

Herausforderungen

Wir sind an einer Stelle dieses Buches angekommen, wo wir auch erste ernsthafte Heraus-forderungen nicht mehr scheuen dürfen. Wir haben einen guten Überblick über die täglichen Möglichkeiten gewonnen, uns auf raffinierte und erfreuliche Weise zu versorgen. Wir können Gäste mit Speisen verwöhnen, die diese entzücken werden. Jetzt gilt es, uns selbst mit einem neuen Quantum kulinarischen Selbstvertrauens auszustatten. Dafür dient uns eine Reihe von anspruchsvollen Gerichten, die wir in diesem Kapitel im Detail behandeln.
Wir beginnen mit einem Gericht, das wir in der Regel aus dem Regal des Delikatessengeschäfts nehmen: Hühnerleberaufstrich. Diesmal selbstgemacht.

Hühnerleberaufstrich

Zutaten für 4 Personen

300 g Hühnerleber
300 g Butter
3 Eier
Salz, Pökelsalz, Pfeffer

1 Prise Thymian
1 EL Wacholderbeeren
¼ L kräftiger Rotwein

Benötigte Küchengeräte

1 kleines Messer
1 Schneidbrett
1 Mixer
1 Topf
1 Mörser

Zubereitung

Rotwein in einen kleinen Topf geben, Thymian und die geschälte Knoblauchzehe beigeben, Wacholder mörsern und beigeben. Aufkochen und bei kleiner Flamme auf etwa ein Drittel des Volumens einkochen. Anschließend abseihen.

Die Leber putzen, Sehnen wegschneiden. In einem Turmmixer pürieren, anschließend die Eier nach und nach beigeben. Mit Salz und Pfeffer würzen.

Langsam die flüssige, lippenwarme Butter einrühren.
Mit der Rotweinreduktion abschmecken.

Backrohr auf 100 °C vorheizen.
Die Lebermasse in Einsiedegläser füllen. Verschließen und im Wasserbad im Backrohr je nach Größe der Gläser ca. 60 bis 120 Minuten gar ziehen lassen.

Tipp: Diese Masse können Sie auch in eine Terrinenform füllen. Vorher mit Klarsichtfolie auslegen.

Vorwärts, putzen!

Sagen wir's vom Ergebnis aus betrachtet: Die größte Herausforderung bestand darin, die Hühnerlebern angemessen zu putzen. Die Chefin hatte ein strenges Auge darauf, dass auch wirklich alle Adern, Sehnen und Fetteilchen von der Leber entfernt wurden.

Die Aufgabe stellt sich übrigens deutlich leichter dar, wenn man weiß, dass die Hühnerlebern nach dem Putzen püriert werden.

Dafür beginnt die Arbeit am Hühnerleberaufstrich äußerst vergnüglich: Das Einkochen von Wein, Thymian, Knoblauch und Wacholder ist ein olfaktorisches Fest.

Auch das Herstellen der Lebermasse bereitete keinerlei Schwierigkeiten. Nachdem die Leber püriert und mit den Eiern veredelt, gesalzt und gepfeffert war, wurde das Pökelsalz eingerührt. Dieses Salz, mit Nitraten angereichertes Kochsalz, dient der Haltbarkeit des Leberaufstrichs und verhindert die Graufärbung des Fleisches.

Nun galt es, die Butter „lippenwarm" zu machen: Wäre sie zu heiß, würden die Eier in der Lebermasse anfangen zu stocken. Die Butter musste langsam und gefühlvoll eingerührt werden. Es ging darum, die Lebermasse langsam und kontinuierlich anzureichern, bis am Schluss eine homogene Masse entstand, die nun mit der aromatischen Rotweinreduktion vermischt wurde.

Diese Masse, von einigen Damen in der Küche noch durchaus kritisch beäugt, wurde jetzt in Rexgläser gefüllt, die darauf verschlossen und im Wasserbad in den auf hundert Grad vorgeheizten Backofen gestellt wurden, wo sie fast zwei Stunden zogen.

Das Ergebnis: beeindruckend. Größter Eindruck: dass wir selbst ein so kompliziert wirkendes Gericht zustande gebracht hatten.

Am Ende war es freilich, tja, ganz einfach.

Rotwein, Thymian, Knoblauchzehe und Wachholder einreduzieren.

Hühnerleber sorgfältig putzen.

Im Mixer pürieren.

Die Butter „lippenwarm" erhitzen

und zur Hühnerlebermasse geben.

In Einmachgläser füllen, im Wasserbad bei 100 °C gar ziehen lassen.

Das nächste Rezept führt uns eine Tatsache vor Augen, die wir als Liebhaber von Fleisch und Fisch mit Vorliebe verdrängen: dass am Anfang jedes Rezepts mit einem Tier dessen Tötung steht. Das Töten von Tieren hat die Lebensmittelindustrie aus unserem Gesichtskreis eliminiert. In diesem Rezept übernimmt jedoch niemand anderer das „Erledigen" eines Tieres. Wir kochen Hummer, und dieser Hummer befindet sich mit zugebundenen Scheren in einem Gefäß, in dem er, darüber besteht kein Zweifel, noch lebt. Es treffen sich nun zwei starke Motive: das Töten des Tiers – und der fast schon klischeehafte Wohlgeschmack, den uns das getötete Tier bescheren wird.

Hummer mit Spargelsalat

Zutaten für 4 Personen

1 Hummer ca. 800 g
500 g grüner Spargel
Olivenöl
Salz
Pfeffer aus der Mühle
⅛ L Hummersuppe

Benötigte Küchengeräte

1 großer Topf
1 kleiner Topf
1 Schäler
1 Gitterschöpfer
1 Sieb
1 Schneidbrett

Zubereitung

Spargel in einem geräumigen Topf mit reichlich Salzwasser bissfest kochen, anschließend mit einem Gitterschöpfer herausnehmen und in Eiswasser abschrecken (Farbe!).

Für den Hummer in einem geräumigen Topf reichlich Wasser zum Kochen bringen.

Wenn das Wasser kocht, den Hummer hinein geben und kochen. Der Hummer muss mit Wasser bedeckt sein.
Dauer: 6 Minuten

Anschließend herausnehmen, abkühlen lassen und dann ausbrechen.

Den Spargel mit Olivenöl, Pfeffer, Salz abschmecken.
Das Hummerfleisch in Medaillons schneiden.
In der Hummersuppe anwärmen und mit dem grünen Spargel servieren.

Das Kreuz mit den Scheren

Der Hummer starb im kochenden Wasser, zog sechs bis sieben Minuten darin, wechselte seine Farbe von schwarz auf rot, und ich weiß, dass man jetzt ewig lang darüber diskutieren kann, ob diese vom Tierschutzgesetz gebilligte Tötungsart human ist oder nicht. Diese Diskussion möchte ich für ein anderes Mal aufsparen, nicht aber den Bericht über das Auslösen des Hummerfleischs: Das gestaltete sich gemäß allen Erwartungen mühsam, jetzt einmal abgesehen von dem fantastischen Fleisch der Scheren, das sich relativ einfach aus dem Panzer befreien lässt.

Wir drehten zuerst die Arme ab, dann die Scheren an deren letztem Gelenk.
Die Scheren selbst schnitten wir mit einer Küchenschere auf, die wir durch ein etwas weicheres Stück am Panzer in Stellung bringen konnten.
Auch die kleinen Panzerteile der Arme zeigten sich auf der Innenseite weich und konnten aufgeschnitten werden. Hier fanden wir lohnende Mengen Fleisch, während wir

auf Empfehlung der Chefin darauf verzichteten, aus den Beinen die winzigen Fleischfäden heraus zu operieren, wie es die Gäste von Hummerrestaurants mit dem dafür vorgesehen Häkelnadelbesteck tun müssen.

Um an das Fleisch des Schwanzes zu kommen, trennten wir diesen mit einem großen Messer direkt hinter dem Rückenpanzer ab. Jetzt konnte das Schwanzfleisch herausgenommen werden. Wir entfernten den schwarzen Darm, der wie ein Faden den Schwanz entlangläuft, und warfen Magen und Leber weg.

Es war ein Moment der Erschöpfung, als wir uns wieder ins Rezept einklinkten und das appetitlich vor uns liegende Hummerfleisch in mundgerechte Portionen schnitten.

Diese beträufelten wir, wie so oft bei herausragenden Produkten, ganz simpel mit Olivenöl und streuten etwas Salz darüber.

Die übrigen Handgriffe gingen wie von selbst.

Das Anrichten der Speise war einfach, der Hummer lauwarm, und niemand fragte sich, ob sich die ganze Mühe gelohnt hatte.

Hatte sie.

Grüne Spargel bissfest kochen.

Den Hummer ins siedende Wasser geben.

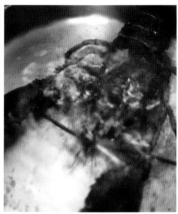
Der Hummer muss komplett mit Wasser bedeckt sein.

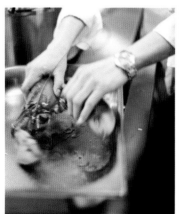
Die Scheren abbrechen

und das Flesich daraus entnehmen.

Das Hummerfleisch portionieren und in der Hummersuppe anwärmen.

Nachdem die große Herausforderung des Hummerkochens hinter uns liegt, nun die ideale Verwertung der Reste: Manche ziehen dieses Rezept allen anderen Zubereitungsarten des Hummers vor.

Hummersuppe

Zutaten für 4 Personen

Panzer eines Hummers
1 Zwiebel
3 Knoblauchzehen
1 TL Tomatenmark
100 g Butter
⅛ L Weißwein
1 Schuss Weinbrand
3 EL Noilly Prat
80 g Stangensellerie
Pfefferkörner
1 Lorbeerblatt
½ L Obers
250 g Wasser
1 Zweig Thymian
Salz

4 Garnelen als Einlage

Benötigte Küchengeräte

1 Plattiereisen
1 großer Topf
1 feines Sieb

Zubereitung

Den gekochten Hummerpanzer in einer Rührmaschine mit einer Knethacke zerkleinern oder in ein Geschirrtuch einschlagen und mit dem Plattiereisen (Schnitzelklopfer) zerkleinern.

In einem Topf Butter aufschäumen und die Hummerpanzer bei kleiner Flamme darin ca. 10 Minuten anschwitzen. Stangensellerie waschen, putzen, klein schneiden und beigeben. Lorbeerblatt, Pfefferkörner und Thymian hinzufügen.

Zwiebel und Knoblauch schälen, schneiden und dazugeben. Weitere 5 Minuten durchrösten, Tomatenmark beigeben, kurz anschwitzen. Mit Weinbrand, Weißwein, Noilly Prat ablöschen, mit Obers und etwas Wasser aufgießen.

Aufkochen und 5 Minuten verkochen lassen. Danach durch ein feines Sieb seihen, mit dem Stabmixer aufmixen und abschmecken.

Als Einlage wären Tomatenstücke, Shrimps, Hummerstücke oder klein geschnittene gebratene Garnelen sehr gut.

Tipp: Hummerbutter wird genauso hergestellt, nur anstatt des Obers wird die gleiche Menge an Butter beigegeben.

Krachen und Knirschen

Dieses Rezept setzt ein, wo das vorige endete. Es verlangt nur die Karkasse des Hummers, die vom Fleisch befreit auf der Arbeitsfläche lag.
Wir falteten ein Geschirrtuch rund um die Hummerschalen und schlugen ein paar Mal kräftig mit dem Plattiereisen zu. Es krachte und knirschte. Die Chefin war zufrieden.
Als wir die zerkleinerten Panzer in eine Pfanne mit aufgeschäumter Butter gleiten ließen, verbreitete sich augenblicklich der Geruch, der dieses Tier so berühmt gemacht hat: der leicht süßliche, nussige Duft des Krustentiers. Ab jetzt gab es keine größere Herausforderung mehr. Wir fütterten den Topf wie vorgeschrieben mit Gemüsestückchen und Aromaten. Löschten den schmurgelnden Inhalt der Pfanne mit geistigen Getränken ab – es heißt, vom nächsten Frankreich-Urlaub wieder eine Flasche Noilly Prat mitzubringen, der aromatische Wermut ist hierzulande gar nicht so leicht zu beschaffen. Gaben Obers dazu, ließen das Ganze aufkochen, gossen die längst äußerst appetitlich duftende Flüssigkeit durch ein Sieb, mixten sie mit dem Stabmixer auf, schmeckten sie ab, fertig. Großartige Suppe.

Hummerpanzer zerkleinern.

In Butter anschwitzen, Gemüse und Gewürze zugeben.

Tomatenmark zufügen, anschwitzen,

mit Weinbrand, Weißwein und Noilly Prat ablöschen.

Mit Obers und

Wasser aufgießen und aufkochen lassen.

Abseihen und

durch ein feines Sieb ziehen.

Mit dem Stabmixer aufmixen und abschmecken.

Oft sind es die handwerklichen Hürden, die uns vor der Zubereitung außergewöhnlicher Gerichte zurückschrecken lassen. Im folgenden Gericht jedoch sehen wir dem Mühsal des Filettierens ins Auge: Ein ganzer Steinbutt tritt auf und ruft danach, auf exotische Weise geschmort zu werden.

Steinbutt mit Ingwer, Limetten und Zitronengras geschmort

Zutaten für 6 Personen

600 g Steinbuttfilet
4 EL Butter
3 Stück Zitronengras
2 Tomaten
1 nussgroßes Stück Ingwer
½ Limette
1 kleiner Bund Basilikum oder Koriander
Salz
Pfeffer aus der Mühle

Benötigte Küchengeräte

1 Pfanne
1 scharfes Messer

Zubereitung

Den Fisch portionieren. Backrohr auf 180 °C vorheizen. Zitronengras in 1 Zentimeter große Streifen schneiden. Ingwer schälen, in feine Streifen schneiden. Tomaten waschen, in 1 Zentimeter große Würfel schneiden.

Die Butter in einer Pfanne aufschäumen, die Fischfilets mit Salz und Pfeffer würzen, in die Pfanne legen, die übrigen Zutaten beigeben, mit Alufolie abdecken und ins Backrohr geben.

Der Fisch soll mit den Kräutern schmoren.
Dauer: ca. 8 Minuten

Mit Blattspinat oder Wokgemüse servieren.

Der lange Anlauf

Wovon das Rezept nichts erzählt, ist die Unsicherheit, die uns beim Herstellen der Filets überkam. Wie viele Euros schnitten wir gerade nicht ab? In der Theorie klingt die Sache relativ einfach: dem Rückgrat des imposanten Fisches entlang schneiden, das Fleisch mit vertikaler Klinge von der Gräte lösen, mit der zweiten Hand Druck auf das Filet ausüben, während das Messer druckvoll den Gräten entlang schneidet und das Filet befreit.

In Wahrheit jedoch ist es schon schwierig genug, mit dem Messer so unter die Haut zu kommen, dass der raumgreifende Schnitt überhaupt möglich wird. Auch wie viel Druck die flache Hand im Verhältnis zum Messer ausüben soll, ist ein heikles Spiel.

Schließlich soll das Messer nicht zu weit vom Rückgrat entfernt schneiden, weil sonst traurige Mengen wertvollen Steinbuttfleisches an der Gräte hängen bleiben.

Sobald die Filets von den Gräten gelöst waren, gab es kein Problem mehr. Wir schnitten den Steinbutt in fischstäbchenartige Portionen – okay, große Fischstäbchen, siehe Foto – und bereiteten die Gewürze vor. Fisch und Gewürze wurden in Butter angebraten, kamen dann unter einem Bogen Alufolie in den vorgeheizten Ofen, wo Zitronengras und Ingwer ihre Wirkung entfalteten: ein edles, außergewöhnliches Gericht, das den Aufwand lohnt.

Allerdings könnte man sich die Filets auch vom Fischhändler präparieren lassen, wir hätten dann vermutlich mehr zu essen.

Steinbutt am Rückgrat
entlang einschneiden.

Die Filets (2 pro Seite)

mit dem Messer an den Gräten entlang
ablösen.

Die Filets zur Seite legen.

Den Fisch wenden und an der Unterseite
wieder die Filets ablösen.

Messer vorsichtig an der Haut
entlangführen und die Haut abziehen.

Filets portionieren.

Filets würzen, Butter aufschäumen.

Mit den restlichen Zutaten
in den Ofen geben.

Das folgende Rezept führt uns auf das Terrain der größten Genüsse, die uns zur Verfügung stehen. Taube, vor nicht allzu langer Zeit noch ein bäuerliches Essen für jedermann, ist inzwischen zur unumstrittenen Delikatesse aufgestiegen. Vor allem Weintrinker kombinieren ihre edelsten Rotweine gern mit einer rosa gebratenen Taubenbrust. Ein guter Grund, um sich an deren Zubereitung zu wagen.

Rosa gebratene Taubenbrust mit Balsamicosauce

Zutaten für 4 Personen

4 Tauben
Öl zum Braten
2 EL Butter
1 Zweig Rosmarin
Salz
Pfeffer aus der Mühle

¼ L Balsamicoessig
4 bis 5 EL Zucker

Benötigte Küchengeräte

1 Topf
1 kleiner Topf
1 scharfes Messer
1 Pfanne
1 Schneidbrett

Zubereitung

Backrohr auf 180 °C vorheizen.

Die Tauben auslösen, mit Salz, Pfeffer gewürzt und in einer Pfanne mit Öl beidseitig anbraten.
Anschließend ins Backrohr geben und fertig braten.
Dauer: ca. 10 Minuten. Das Fleisch soll zart rosa sein.

Anschließend ca. 5 Minuten rasten lassen, damit sich das Blut gleichmäßig verteilt und das Fleisch saftig schmeckt.

Den Balsamicoessig mit dem Zucker aufkochen, bei kleiner Flamme ca. auf die Hälfte des Volumens einkochen.

Kurz vor dem Servieren etwas Butter mit frischem Rosmarin aufschäumen, das Fleisch kurz nachbraten, herausnehmen, die Haut abziehen, die Brüste herausschneiden und auf vorgewärmten Tellern dekorativ anrichten.

Auf den Spuren der bäuerlichen Tradition

Bevor wir erörtern, wie wir unser Täubchen zu einem unvergleichlichen Leckerbissen machten, ein kurzer Exkurs. Tauben waren, wieder fördert ein Blick in die Lebenswelt unserer Großeltern es zutage, noch vor zwei Generationen ein selbstverständliches Sonntagsessen. Heute hingegen gerät die Beschaffung einer Taube zum Spießrutenlauf. Keine Geflügelhandlung, kein Metzger, keine Delikatessenabteilung bietet ohne Vorbestellung Tauben an. Wenn die Vorbestellung erfolgt ist und die Tauben über den Tresen wandern, besteht Klarheit nur darüber, dass sie sicher keine regionalen Produkte sind. Die Tauben, die wir hie und da im Spitzenrestaurant verzehren dürfen, stammen unter Garantie aus Frankreich, aus dem Anjou oder der Bresse – wie auch die Tauben, die wir nun verarbeiteten. Wir taten es mit Vorfreude, aber nicht ohne den Kopf darüber zu schütteln, dass es keine heimischen Erzeuger gibt, die sich dieses Themas sorgfältig annehmen.
Exkurs Ende. Jetzt begannen die Probleme. Schon interessant, dass lakonische Halbsätze im Rezept für so viel Aufregung sorgen.
„Tauben auslösen": Okay, aber wie?

Die Chefin zeigte es bei der ersten Taube – angesichts deren Größe verstand ich besser, warum es immer wieder als „Täubchen" bezeichnet wird – vor. Dann wanderte das Messer im Kreis.

Zuerst setzten wir die Keulen ab: Wir drehten die Taubenbeine weg vom Körper und schnitten mit dem Messer durch das Hüftgelenk. Diese Methode ist vom Zerlegen von Hühnern bekannt. Die Brust bleibt dabei am Knochen.

Nun wird das Rückgrat weggeschnitten und der Brust Platz gemacht. Sie bleibt jedoch für die weitere Verarbeitung am Knochen. Die Haut soll unverletzt bleiben.

Noch ein Exkurs: Die Karkasse wandert übrigens, auch wenn sie in diesem Rezept nicht mehr gebraucht wird, in den Topf, wo sie mit Wasser bedeckt und mit kleingeschnittenem Wurzelgemüse zu einem Fond verkocht wird (wie auf Seite 81 beschrieben). Die Keulen eignen sich dafür, geschmort zu werden (und eventuell gemeinsam mit dem Brüstchen auf den Teller zu kommen. Nur eine kleine Anregung, wenn Sie dieses Rezept zum zweiten Mal ausprobieren).

Das weitere Vorgehen ist klassischer „A la Minute"-Stil. Anbraten im Öl, dann in den Ofen. Nach zehn Minuten aus der Pfanne nehmen und rasten lassen: Im Fall der Taube, deren Brust so kräftig durchblutet ist, ist dieser Schritt absolut unerlässlich für das Gelingen des Gerichts.

Wir schäumten zum Finalisieren Butter mit frisch gehacktem Rosmarin auf, als uns die Chefin warnte: „Einmal durch die Butter, zisch, zisch, und wieder raus!"

So kann man mit uns reden. Zisch, zisch, dann trennten wir mit einem Schnitt die Brüste vom Brustbein und zogen ihnen die Haut ab. Um das Fleisch vom Knochen zu schneiden blieben wir mit dem Messer wie empfohlen hart am Gebein. Es lösten sich die dunklen, saftigen Brüste der Taube, es war ein Gedicht.

Als wir die Taubenbrüste darauf mit Balsamicosauce und Kohlgemüse verzehrten, kreiste die Diskussion um das Thema, welches das absolut beste Fleisch sei, das man zubereiten könne.

Nicht viele votierten gegen dieses.

Die Tauben mit einem scharfen Messer zerteilen. Die Keulen abtrennen.

Den Taubenrücken abtrennen.

Die Keulen auslösen,

die zerlegte Taube

mit Salz und Pfeffer würzen.

In einer Pfanne

zart rosa braten.

Taube von der Karkasse lösen.

Filets kurz nachbraten.

Auf vorgewärmten Tellern servieren.

Nachdem in diesem Kapitel eindeutig die Freuden des gehobenen Handwerks zelebriert worden sind, versuchen wir uns nun auf der Zielgerade an einer Süßspeise, die wunderschön aussieht und ihr Aussehen einigen Tricks verdankt, die eindeutig in die Kategorien des gehobenen Küchenhandwerks stammen: Martina Willmanns Schokospitz.

Schokospitz mit Schokolademousse

Zutaten für 4 Personen

½ L Obers
75 g Zucker
3 Eier
3,5 Blatt Gelatine
170 g Kochschokolade

Benötigte Küchengeräte

2 Töpfe
Backpapier
2 Schüsseln
1 Schneebesen
Rührmaschine oder Mixer
1 Teigkarte

Zubereitung

Aus Backpapier Stanitzel falten und mit flüssiger Schokolade ausgießen, kurz kaltstellen. Restliche Schokolade wieder abgießen. Schokospitze kalt stellen.

Schlagobers schlagen.
Eiklar und Kristallzucker zu Schnee schlagen.
Eidotter schaumig rühren.
Schokolade in einen Kessel geben und über Wasserdampf erweichen.

Gelatine im kalten Wasser einweichen, dann ausdrücken, in einen kleinen Topf geben und erwärmen. Die Gelatine darf aber nicht kochen, da sie sonst die Gelierkraft verliert.

Eidotter, Schokolade und Gelatine gut verrühren. Anschließend den Schnee unterheben und zuletzt das Schlagobers unterziehen.

Schokospitz mit Schokomousse füllen, kalt stellen.

Tipp: Decken Sie das Mousse mit Klarsichtfolie ab bevor Sie es in den Kühlschrank stellen, um ein Annehmen anderer Gerüche zu vermeiden.

Unsere Bastelstunde

Wenn Frau Willmann zugibt, dass dieses Rezept „gewisse Ansprüche" stellt, dann sollten wir uns daran zurückerinnern, dass sie ihr Topfensoufflé für „das einfachste Dessert der Welt" hält. Die gewissen Ansprüche äußerten sich bereits bei den ersten Vorbereitungen darin, dass es sich selbst für geübte Finger gar nicht so einfach erwies, den aus Backpapier gefalteten Kegel so mit flüssiger Schokolade zu füllen, dass nach dem Abgießen der Schokolade ein hauchdünner, aber eben doch tragfähiger Rand aus Schokolade übrigblieb: die Außenwand des Schokospitz. Beliebtester Fehler: Die Schokolade lief an der Nahtstelle zwischen die Backpapierblätter, so dass es nach dem Abkühlen der Schokolade unmöglich wurde, das Papier vollständig aus der Schokolade zu entfernen. Aber auch die richtige Stärke der Schokowand war, wie Willmann sagte, „eine Challenge". Sie geriet zuweilen zu dünn, so dass der Spitz, wenn er beim Finalisieren des Rezepts mit dem Schokomousse gefüllt wird, auseinander brach. Das gab Tränen. Als wir schließlich doch eine brauchbare Zahl von hohlen Schokokegeln gebaut hatten (manche von ihnen waren an der Spitze etwas massiv, aber das ist der geringste unter den möglichen Fehlern), ging es an die Produktion des Mousse au Chocolat. Aber auch das war kein Spaziergang, bevor uns die Chefin mit ein paar wesentlichen Kulturtechniken vertraut gemacht hatte.

Es war wohl einfach, Schlagobers zu schlagen und Eiklar mit Zucker so steif hinzukriegen, dass man den Kessel umdrehen konnte, und der Schnee nicht herausfiel. Das ist angeblich ein gutes Mittel, um auszuprobieren, ob der Schnee schon lang genug geschlagen wurde. Oft auch sehr lustig für alle anderen Menschen in der Küche, wenn der Schnee noch nicht so weit ist. Probleme machte erst die Gelatine. Sobald sie aufgelöst war, musste sie augenblicklich und in einem Höllentempo mit der flüssigen Schokolade und den Eidottern verrührt werden, weil sie sonst zu klumpen beginnt. Überhaupt ist dieses Rezept ein Lackmustest für die eigene Geschwindigkeit. Menschen, die gerne kochen, weil sie sich dabei in ihre Gedanken verlieren können, sollen diesem

Rezept ausweichen. Schokomousse muss so entstehen, als erwarteten wir jeden Augenblick, dass unsere Gäste mit dem Blumenstrauß in der Hand vor der Tür stehen. Damit ist auch einiges über den Fachterminus „unterheben" gesagt. Wenn es darum geht, den Schnee unter die Schoko-Eier-Mischung zu heben, so heißt das nicht, dass man ihn einrühren soll.

„Im Gegenteil!", rief die Chefin und zeigte vor, wie man den Schnee mit so wenigen Schlägen wie möglich in die Schokomasse einarbeitet – ich habe fünf oder sechs Bewegungen aus dem Handgelenk gezählt. „Ihr müsst das Luftige einarbeiten", sagte Martina Willmann. „Nicht die Luft wieder rauslassen."

Noch mehr Tempo beim Einarbeiten des Schlagobers: „Dreimal umrühren, fertig." Es war Zeit für die Zusammenfassung der für dieses Rezept nötigen Arbeitsweise: „Nicht denken. Schneller greifen." Dabei dachte ich mir doch gerade, wo verflixt denn die kleinen Klümpchen in meinem Mousse herkommen.

Zum Trost verriet uns die Chefin für diesen Ausrutscher den definitiven Trick:

GELATINEKLUMPEN
Wenn das Mousse klumpt, kann es über dem Wasserbad wieder cremig gerührt werden.

Aber dalli.

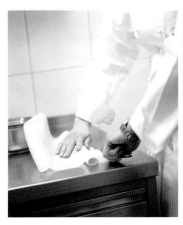

Backpapier zuerst in Rechtecke schneiden.

Dann diagonal falten und zu Dreiecken schneiden.

An der kurzen Kante beginnend zu Stanitzel rollen, zusammenheften.

Stanitzel mit der flüssigen Schokolade
füllen, kurz ankühlen.

Die überschüssige Schokolade abgießen,
Schokospitz kalt stellen.

Eidotter schaumig rühren.

Schokolade im Wasserbad erwärmen.

Schokolade und Gelatine zügig in die
Eidottermasse einrühren,

Eiklarschnee unterheben,

und glattrühren.

Schokospitze mit dem Mousse füllen.

Schokospitze auswickeln und mit einem
heißen Messer glatt schneiden.

Epilog

Der große Tisch, der in Martina Willmanns Kochstudio steht, ist dafür da, dass die Versprechen, die am Anfang eines Abends gegeben werden, auch eingelöst werden. Da saßen wir und aßen. Wir aßen alles. Wir waren begeistert. Wir gruben die Speisen auf unseren Tellern um, weil wir wissen wollten, wie die interessanten Gerichte, die wir einander serviert hatten, wohl zubereitet worden waren.

Interessant, wie sich mit einem Höhenunterschied von etwa 85 Zentimetern die Perspektive veränderte: Kaum saßen wir, konnten wir gar nicht glauben, dass wir selbst es gewesen waren, die, auf beiden Beinen stehend, den Kopf über den Herd gebeugt, diese feine Erbsensuppe, diesen würzigen Zwiebelrostbraten, diesen unglaublichen Branzino unter der Salzkruste selbst zubereitet hatten.

Wir prüften. Wäre ein bisschen mehr Salz angemessen gewesen? Hätte ein Schuss Anislikör die Erbsensuppe interessanter gemacht?

Aber kaum standen wir auf, um die Teller zum beneidenswert großen Geschirrspüler zu tragen, blickten wir über die Schulter zurück auf den Tisch, ob uns nicht irgendjemand loben wollte für den seidigen Glanz der Suppe, die Knusprigkeit der Zwiebelringe, den Duft des Fisches und seiner Aromen, als wir die Kruste, unter der sie gegart worden waren, aufgebrochen hatten. Wir haben das gekocht, Leute! Wir!

Die Arbeit mit Martina Willmann riss uns hin und her: Wir kamen an als kritische Esser, die ein gutes Essen gut zu finden pflegten und ein schlechtes schlecht. Wir gingen hinaus als Menschen mit geschickten Fingern, einem Blick für das Wesentliche und einer unwahrscheinlichen Freude daran, in unseren eigenen Küchen ausprobieren zu dürfen, was wir in der Küche der Chefin mitgenommen hatten. Ein Topfensoufflé: Hätte mir irgendwer irgendwann gesagt, dass ich zu einem Abendessen für Freunde freiwillig Topfensoufflés anfertigen würde, ich hätte ihm den Vogel gezeigt. Jetzt aber habe ich mir ganz undogmatisch angeeignet, was Frau Willmann zu sagen pflegt: „Viel einfacher geht's nicht. Lasst es euch gut schmecken." Und wir schauten unsere Gäste ganz genau an. Hat es euch eh gut geschmeckt? Gut? Gut.

Wir lernten nicht nur Handgriffe. Wir lernten eine Haltung. Wir lernten Verantwortungsbewusstsein: Wenn jemand essen soll, was wir gekocht haben, soll es schließlich Klasse haben. Wir ließen eine Dosis gastronomischer (= Willmann'scher) Selbstverständlichkeit in unsere privaten kulinarischen Karrieren hineinschwappen. Wir kochten stark, und wenn wir nicht mehr ganz genau wussten, was wir zu tun hatten, drehten wir uns um und fragten Martina, den Profi.

So ist dieses Buch gemeint.

Register